日本の英語、英文学

外山滋比古

研究社

目次

I

教　養

学校で教える英語は実際の役に立たない、もっと実用に役立つ英語を教えなくてはいけない——戦後、そういう声が実業界を中心におこり、多くの支持をあつめた。

学校で英語を教えている教師たちは、会話しかできない実用英語は、必要になった人がそのときになって学べばよい、学校教育はもっと文化的なものでなくてはならない、と教養英語の大切さを訴えたが、実用英語に押され気味で、学校の英語教育改善の動きのほうが力を得た。こちらが〝役に立つ英語〟を標榜《ひょうぼう》した。

明治のはじめからの学校の英語では、実用ということは考えられなかった。

外国に学ぶには、まず英語であり、ドイツ語、フランス語が必要である。知識を得るには本を読まなくてはならない。本が読めれば、役に立つ語学であって、いい加減な外国人と話したってしかたがない。学校で外国語の本を読むのは、充分に実用的である。そのような議論をする人はなかったが、たいていの人がそう思っていた。

学校で教える語学が実用にならない、と言う人はなかったのである。実用語学という考え方がなかった。実用英語ということばもなかったと言ってよい。

戦後、アメリカ人が日本にたくさん来て、関係が深まるにつれて、本が読めるだけでは役に立つとは言えない、と考える人が急増した。学校でやっていることがおかしい、という声が高まったというわけである。

昔の日本の学校制度は、小学校（尋常小学校、高等小学校）、中学校、女学校、商業学校、工業学校、高等学校、専門学校、大学（官立、私立）となっていた。

英語が教えられるのは、中学校、女学校から。商業学校は外国語学校といってもよいほど多くの時間、英語やドイツ語を教えた。大学では原書講読など、外国語の本を読むことが多かった。

学生はずっと、外国語の教育を受けたが、もっぱら読む一方で、書く力はきわめて低く、会話のできる者はそれこそ例外であった。

会話の必要の高まった戦後、こういう読解だけの外国語教育に対して批判がおこったのは、むしろ当然である、としてよいだろう。

英、独、仏の外国語は、授業時間がとび抜けて多かっただけではない。最重要科目であった。

入学試験においても、英語がもっとも重視され、その成績で合否が決することが多かったと思われる。

数学も重要だが、当たり外れが大きく、受験生の実力をとらえるには適当ではないと考える人が多かった。そこへいくと、外国語は実力が安定していて、それだけ評価が安定する。英語が入試の最重要科目になったのは、むしろ当然であろう。

戦前の官立大学、ことに帝国大学では、外国語の学力が重要視された。大学でももっとも入りにくいのが法学部である。学生を選ぶ試験は、英語、独逸《ドイツ》語、仏蘭西《フランス》語だけであった。法学部の教授がとくに英語にすぐれていたのはもちろんだが、どうしたことか十八世紀の思想家、ジョン・スチュアート・ミルが好まれた。毎年のように入学試験に、ミルの『自由論』などから出題された。

全国の高等学校では、ミルの文章をテクストにした英語の授業をした。まるで競争のようである。

高等学校の英語の教師はミルをいかにうまく教え、学力をつけさせるか、競い合ったのである。

一方、中学校の英語の先生は、そんなこととも知らずに英語を教えていたから入試英語に弱い。それで、中学の受験生は学校の英語を放り出して、受験参考書の勉強をした。これは過去の出題文にもとづいているから、ずっと古い英語である。つまり、法学部入試の問題により近かったのである。

一般の英語教師は、そういうことをはっきりとは知らなかった。

高等学校で東大法学部の入試の準備をしていた英語の先生は、いわば予備校講師のようなことをしていたことになるが、はっきりそうと確認することは憚られる。

英語を学ぶのは教養のためである、というのがしゃれたことのように錯覚されて、教養主義ともいうべきものが生まれた。実用より教養の方が高級で、教養を身につければ、知的エリートである、という考えがひろまった。

教養は高尚深遠であるように考える人がふえて、戦後、旧制の高等学校が新制の大学予科になったとき、どこも教養部を名乗ったのである。

それくらい教養は大きな文化であったのである。教養の語学はイギリスの論文を読んでいただけでなく、ドイツ語では哲学の本を教科書にするところも多く、知的に英語教養を圧倒した。フランス語は、文学中心であったが、学生数が少なく、さほどの力はなかったと言ってよい。

戦前の教養主義を受けついだ戦後の教養教育には、文学好きの教師が多いこともあって、小説をテクストにするクラスがふえた。小説といっても通俗文学的であることが多かった。それで教養を高めることができるか、という声がおこっていた。

決定的だったのは、自然科学系の教師から、もっと実用的語学を教えてほしい。小説ばかり読んでいたのでは理系の学生のためにならない、という声が高まったことである。公然と教養部の語学を不要という大学があらわれて、英語学の人たちの胆を冷やした。

そのころ、ジェイムズ・ヒルトンの *Goodbye, Mr. Chips*（『チップス先生さようなら』）という学校小説が評判で、それによって、イングリッシュ・ヒューマーというものを学んだ学生が多かったが、教養にはならなかった。

すこしおくれてシリル・N・パーキンソンの *Parkinson's Law*（『パーキンソンの法則』）というおもしろい本があったが、日本の英語は、それをおもしろいと思う語学力をもっていなかった。イギリスではサッチャー首相が、この本によってイギリスの国営企業の解体的改革を行なったことなどを、その真似をした中曽根康弘首相によってわれわれは、わずかに（この本のことを）知り得たくらいである。読む力がなかったのである。

日本の実業界のリーダーたちも、教養語学で育っていたのだが、実用の語学力の欠けていることが、経済の伸長を妨げていると考えるようになって〝役に立つ英語〟を求めるようになり、英語教育改善に動いた。しかし、教養英語になじんできた日本の英語はそれに応えることができない。そこで大学の英語は存在を失うことになったのかもしれないが、ノンキな英語の教師は、それを俗論として笑った。

その間を縫ってか、小学校で英語を教えようという動きが高まり、一般は一笑に付そうとしたが、そうはいかず、とうとう、実現することになってしまった。英語の教師をはじめ、その愚を笑う人はすくなくないが、すでに実施されている。

英語を教えることは始まったが、先生がいない。小学校の英語ぐらい教えられる人はいくらでもいる――知らない人は、そんなことを考えるかもしれないが、小学生を教えるのは、中学生を教えるより難しいかもしれない、ということをしっかり理解している人がないまま、スタートしてしまったのは、いかにも無責任である。

中学の英語教師や中学校英語科の教員免状をもつ主婦の力を借りていくらしいが、そうできない地方の小学校はどうするのか。

考える人もなく、五、六年生で教えることにしていた小学校英語を三、四年生まで引き下げようということになったらしい。

ほかの国ではあまりやっていない小学校での外国語教育である。やるからには、「失敗でした」では困る。最大の努力によって成功させたい。

心配なのは、いい加減な早期教育はたいてい失敗するのである。小学校英語のおかげで、一生、〝英語ぎらい〟という人間がどれくらい生まれるかを考える想像力を、日本の英語、英文学に関わる者だけでなく、知識人のすべてが共有しなくてはならない。

翻訳

なにごとも外国に学ばなくてはならなかった明治の日本にとって、外国語の知識は特別の意味をもった。中等教育以上の学校は程度の差こそあれ、外国語学校のようであったのは是非もない。

外国の文物《ぶんぶつ》を移入するには、「翻訳」ということが必要であるが、日本では翻訳者を養成するところはなかった。外国語の勉強は、翻訳のできる人を養成することにあったと言えるけれども、一般的な語学学習によって、翻訳ができるようになるわけがない。

英語の教師が翻訳をした。日本語の能力も充分とは言えない日本人が、すこしくらい英語の勉強をしたからと言って、翻訳ができるわけがないが、実際に翻訳の大部分がそういうものであった。

翻訳が、日本語ばなれしたものになったのは、致し方なかった。

原文のわからないところが、いくらでもでてくる。教えてくれる人もないから、訳者は〝原文忠実〟に訳した。解釈を加えず、原文のありのままを訳したということだったが、そんな翻訳が読めるわけがない。誤訳と言われるのを避けるためのかくれみのであったが、ごく最近まで、原文に忠実な翻訳が、良心的であるように錯覚されていた。そういう翻訳は、日本語の読者にとってほとんど意味がとれない。読者は我慢して、それにつき合った。そのために、語感のおかしな日本人が多くなったことは否定できない。

外国語を専攻して、語学の教師になった人たちにとって、翻訳書を出すのは、ひとつの夢であったのだろう。機会があれば飛びつく。翻訳の技術などはじめからない。我流である。教室で訳読をしているのとあまりちがわないのが、訳本として出ることもある。ろくに英文解釈法も読まない訳者の訳文は、よほど努力しないと読めない。それでも、翻訳を精読する人がたくさんあるのが、翻訳社会である。日本は東洋でもっとも早く翻訳社会になった。それで、社会が進んだのであるから、悪く言うことは当たらないであろうが、近代日本人の頭のはたらきが、もうひとつパッとしなかったのは、奇妙な翻訳文体のせいであると考えることは可能である。

外国語を理解するには文法が重要である。

日本人は長い間、外国語を読むことをしなかったため（漢文は外国語ではない）、日本語文法に弱い。近代における日本語文法が、外国語文法の影響をつよく受けて曲げられていたことを現代の人間は知らない。

学校で教える国文法は、はなはだ不備で、英文法をやき直したらしいところも見られる。それに対して、日本の中学校で教えられた英文法はよくできている。外国人にもよくわかるだけでなく、知的関心を刺激するところがある。英文法で英語が好きになり、よくできるこどもがかつては、かなりあったと想像される。

実際、学校で教えられた英文法は、実によくできていた。これは、イギリス人がすぐれた学校英文法をつくったからである。いま世界でもっとも広く通用するのが、英語であるのは偶然ではない。英文法が優秀だからである。

そういう学校英文法（スクール・グラマー）であるが、足りないところも、もちろんある。そのひとつが、センテンス（文）までのことばしか考えていないことである。

単語、フレーズ（句）、センテンス（文）を対象としている英文法は、それより大きな単位を問題にしない。

ことばには、単語、句、文より上に、パラグラフ（段落）というものがあり、これを、日本人はかつて教わったことがない。英文解釈法もセンテンスの英語を考えている。それより大きな単位のパラグラフは度外視されている。

もともと、パラグラフというのは外国語のことで、日本語には大昔からパラグラフに当たるものがない。「段落」というものがあらわれたのは明治の国語からである。新聞なども、戦後になるまでパラグラフをしっかり認めていなかったのである。パラグラフは日本人の泣き所のひとつと言ってよい。

入学試験の問題として、「次の英文を和訳せよ」という問題が普通であったころのことである。

問題は、「次の英語を全訳せよ」というのであった。受験生は英文解釈法の力で立ち向かうわけで、なかなか、うまくいかない。まったく手つかず、白紙というのがいくつもあって採点官たちを喜ばせた。

白紙答案をみると、原文を鉛筆でなぞったようなあとがあって、涙ぐましい格闘を思わせるものがいくつもある。鉛筆のあとが見えるのは十行の全文ならはじめの二、三行だけ、あとはキレイ。つまり手つかず。

最初の二、三行がわからなければ、あとはわからないと決めてしまうのは、日本人の思いちがいである。

標準的英文のパラグラフは、

の三部に分けられる。Aは抽象的表現、Bはその具体例、CはAとBをふまえた結び、という構造になっている。A、B、Cは同心円のようなもので、同じことを述べているのが普通である。

抽象的なことばに弱い受験生が多いのだが、このAにつまずき、先に進むことをあきらめる。Bは具体的なハナシなどが出ていてわかりやすい。それでAがわかることが多い。そして、Cでまとめるというわけ。A、B、Cが同心円的になっていることを知るか知らないかでは大ちがい。

日本人の欧文理解でもうひとつ問題がある。これはパラグラフ理解より大きな問題かもしれない。

パラグラフも前方重心であるが、一冊の本でも似たようなことがおこっているのに、日本人は、知らないで損をしている。

日本人は、後方重心思考がつよいから、本でも、終わりの部分にいちばん大事なことが出てくると考えて、結論を重視する。それに対して、書き出しは、〝はしがき〟などといったりして軽く見る。

日本の本なら、それでよいが、外国本の翻訳書も同じように、はじめを軽く読み飛ばし、結論に全力を注ぐというようなことをしていては〝誤読〟の一種になる。

ヨーロッパ語の本は、冒頭の部分が、きわめて大切で、イントロダクション、緒言《しょげん》、序論はしばしば結論の予告や結論の変形であることもすくなくない。読み飛ばしてはいけない。

この部分、イントロダクションだけを独立させる論考が、出版されることもあるくらいである。

日本人読者は、どうしても、冒頭部を軽視する傾向があって、それがにわかに改まらないとすれば、日本語訳の本では、「序論」や「はじめに」をおろそかにしないで読むように、ということを訳者の親切として述べた方がよい。

難解な外国語を読むときも、一度でわかりにくかったら、冒頭部やイントロダクションだけを読み直すのが有効である。時間的にも有効だし、理解が深まることにもなる。大著といわれるものは、自ずと大部になることが多いが、冒頭部だけなら、二度、三度読むことは可能である。

外国の言語文化に接する機会が深くなれば、前方重心型の発想がさほどうるさくなくなるが、慣れないうちは、難解ととられることがすくなくない。明治時代、外国の本が不適当なまでに難解であると感じられたのも、ひとつにはこの発想形式によるものがあったと考えられる。

そういうことを考える人間がふえると、従来のような翻訳が、力を失うのかもしれない。通訳も翻訳と同じように、前方重心的であるから、一般の人間には理解が難しい。

このごろ、外国の文物が、かつてほど、おもしろくなくなってきたように思われるのも、もしかしたら、翻訳の概念が変化してきたためであるかもしれない。

留学

島国だからであろうが、日本人は、海外で勉強することをありがたがる。大昔、遣唐使が中国に送られて、最高の知識エリートを育てた。空海などは、もっとも目ざましい留学生であった。

どうしたわけか、やがて留学の効用に疑問が生じたのであろう。遣唐使は廃止になってしまうが、後世、その間のことについて検討されることもなかった。

難破で有為の学究が命を落としたというのは表面にあらわれた廃止の理由であったが、もっと微細な問題があったに違いない。留学がかならずしも有益ではないという空気があったのかもしれない。空気は歴史に残らないから、後の人にはわからない。

明治になって、外国に学ぶというのが国是《こくぜ》になった。それには海外に研究者を送ることとなる。要職につく人はみな留学してもらわなくてはならない。豊かでもなかったであろう明治政府は、留学生を送り出すことに異常に熱心で、遣唐使よりも大切にされたのかもしれない。

国立大学の教員になるには、国費による在外研究、つまり、留学二年が必要というきまりができた。

東京帝国大学の枠であろう。国文学の芳賀矢一《はがやいち》がドイツに留学した。同時に、イギリスへ留学した夏目漱石がいっしょであったから、のちによく知られることになる。国文学の研究になぜ留学するのか、などという野暮なことは、文明開化に酔っていた明治の人間は考えなかった(国文学者だって、留学によって得るものはなし、というのは俗人の誤解。芳賀矢一は留学によって、文献学という新しい学問を学んだ。ただし、その知識に、いくらか自信がなかったのか、日本文献学というものを興した。留学の成果として刮目《かつもく》すべきであるけれども、外国かぶれの人たちからは、本物の文献学ではないのではないかという疑念をもたれた)。

留学の期間は二年。たっぷりと学費をもらった。外国で恥をかかない生活ができるようにというのであった。のちのち、その金をためて帰り、りっぱな自宅を建てた学者が出たりして、さすがに批判を浴びたこともある。

そんなことはどうでもよい。肝心な研究がすすめば、文句はない。

しかし、外国で二年くらい勉強したところで、研究などできるものではない。外国の学術レベルの高さに圧倒されるのが良心派であったかもしれない。学問的希望をもって帰朝する人はすくなくなかったが、期待されはしたものの、帰ってきて、すっかり、おとなしくなってしまうケースも例外的ではなくなって、口さがない世間がだまっていなかった。〝留学して、学を留めたり〟と言うまでになった。

ことに文学の留学において、この悪口にあたるケースが多かった。夏目漱石はイギリスから帰って、欧米でも考えられていなかった文学理論をうち立てたが、イギリス人から学んだのではない。親交のあった化学者の池田菊苗《いけだきくなえ》によって刺激されたのである。イギリスで漱石ときわめてよく似ていた文学理論（I・A・リチャーズ）が生まれるのは二十五年もあとのことである。その漱石の仕事は、留学から生まれたとは言えない。

戦争に負けて、留学が容易になった。

アメリカが敗戦国の日本やドイツの若い研究者に勉強してもらおうというので、留学させることになった。ガリオア留学、のちにフルブライト留学といわれるもので、日本では熱狂的に歓迎された。試験を受けて合格すれば、タダで留学できるのだから、夢のような話である。

ことに英語の教師にとっては思いもかけないチャンスである。目の色を変えて準備する人もすくなくなかった。アメリカへ行くかどうか、人生の大問題と思う人たちがすくなくなった。

ひどい待遇で、アメリカでレンガ積みや、ペンキ塗りをした留学生もいたらしいが、アメリカを悪く言うものはなかった。

選挙公報の候補者履歴に、「海外留学二回」などと書いても、疑う有権者はいなかった。それくらい外国へ行くのはたいへんなことだったのである。

英文学、ことにアメリカ文学は、アメリカ留学で大進歩するはずであったが、現実は甘くない。レポートを書くのに追われ、自分の勉強をするのは容易ではない。文学に〝研究〟(リサーチ)というものがあることを、アメリカで初めて知ったような人たちは、一人前の研究者になることをあきらめた。

それでも、「アメリカでは……」「アメリカのニュー・クリティシズムでは……」などと言って、留学していない人たちを圧倒した。

言語学は、文学より始末がいい。アメリカで構造言語学を修めてきた人たちは、大きな顔をして帰り、指導的な業績をあげることができた。

文学ではニュー・クリティシズムがあったが、W・エンプソン、I・A・リチャーズも知らなかった日本人には、ニュー・クリティシズム、そのヴァリエーションには歯が立たなかった。

それでも、アメリカ留学の人たちに刺激された若手が、ニュー・クリティシズムをとりあげて気焔《きえん》をあげた。ニュー・クリティシズムと言えばいいところを、〝ニュー・クリ〟と合言葉のようにはしゃいだのが、おもしろかった。

結局、日本ではニュー・クリティシズムの真似もできないまま、英文学は衰え出したのである。留学はしかるべき成果をもたらせなかったようである。

〝虎穴に入らずんば虎子を得ず〟というか、下手に虎穴をのぞいたりすると、喰い殺されることもあることを、日本の留学生たちは教えてくれたようである。

だいたい、わけもなく〝外国〟をあこがれるのは幼稚である。本場に行けばなんでもわかるようになると考えるのは単純である。同じ文学作品なら、国文学として見るか、外国文学として読むかで大違いである——そんなこともわきまえず、留学などするのは軽薄である。留学をありがたがっていると、そういうことがわからなくなる。

イギリスのアーサー・ウェイリーは外国人として、『源氏物語』に心をひかれ英訳までしたのである。日本に来たこともなかった。

その名訳が世界的になって、日本はウェイリーを招こうとしたことがある。喜んで受けてくれると思っていた日本側の予想を見事ひっくり返して、断ってきた。

「わたくしの愛したのは千年昔の日本で、その気持ちはいまも変わりません。いま、日本に行って、その夢をやぶるのはお国のためにもならないと思いますので……」

もちろん、日本人には、その心がわからない。すこし変わった人だと考えた人が多かったらしいが、留学に目の色を変えるのではアウトサイダーの心中《しんちゅう》を解することは容易ではない。

外国の文化に学び、そのよいところをとり入れる、というのは、口で言うほど易しくない。うまく真似ができたら成功であると言わなくてはならない。

いくら上手に真似ても相手に勝つなどということはあり得ないし、考えもしない。じれったがった人たちが、国際競争力がないと言って批判するようになり、気の早い人たちは、大学の文系諸学問は不要であると考えるらしい。文部科学省も、文系学科の再編縮小を考える。反対したくとも、反対できる人がいない。留学経験者はことに元気がない。

競争といえば、ウサギとカメのたとえ話がある。居眠りしたウサギをカメが追い抜くというのだが、こどもでも、そんな話は信じない。ウサギは競争しているのに、うたた寝をするようなドジはしない。

だいいち、ウサギとカメの競争を考えるのが非現実的で、そんなウサギ、そんなカメのいるわけがない。

もしどうしても競争しなければならないとしても、カメは向こうの丘のふもとまで、といったかけっこはしない。山登りでは勝負にならないから、池の中に浮ぶ小島をゴールにするのである。これなら、ウサギは手も足も出ず、カメは戦わずして勝つことができる。留学した人はウサギのようなもの。丘を走るのなら負けない。留学できなかったカメがウサギを打ち負かす確率はゼロであると言ってよい。

留学しなかった人、したくてもできなかった人は、カメになってウサギを負かすのが分別である。

世界はいよいよ狭くなり、留学も、さほど難しくなくなってきたように思っていると、妙なことになっている。

大学に留学の枠があるのに希望者がすくなく、予算が余った、というような信じがたいことが伝えられる。留学が人気を失っているとすれば、その理由はなにか、考えてみる必要があるように思われる。

内向的になっているのだという批判が当たっているかもしれないが、新しい文化の胎動《たいどう》であると見ることも不可能ではない。

留学はすこし古くなっているのか。

著作権

サンフランシスコ講和条約が結ばれたころのこと。

東京の有力大学へアメリカから送り込まれたRという女性の理事がいた。その理事が、日本で著書を出すことになり、K社がそれを引き受けることになった。具体的に出版契約もとり交わすことになった。K社は英語専門の出版社であるが、厄介な仕事を引き受ける人がいない。嘱託で雑誌の編集をひとりでやっていたTが、押しつけられてR女史のところに出向いた。

契約書の草稿を見ていたR女史が、

「これではサイン出来ない」

と言う。どうしてか。どこがいけないのかと、出版社のTがきくと、

「海賊出版防止についての対策がない。日本は世界に知られた海賊出版国である。わたくしの本が、やられるのを好まない……」

出版社のTは、戦争中、敵国語を専攻するという浮世ばなれした人間であったが、R女史のことばをきいて、ハラを立てた。海賊出版禁止などを盛り込まないと出版できないのは明らかに不合理。著者と出版社は海賊出版に対しては立場を同じくしている。そういう両者が契約で規定することはあり得ない。

「どうしても、海賊出版防止の条項を入れなくてはいけないのだったら、当方としても出版を辞退する。この話はなかったことにしたい」

そんなタンカを切ったらしい。もちろん、契約破棄など任されてきているわけではないが、その場のハズミでそんなことになった。

R女史、だまり込んだ。しばらく沈黙が続いたあと、R女史は、

「わたくしが悪かった。アナタの言うのが正しい。このままで契約を結びましょう」

と述べたあと、R女史は、自分の父親は法律家で、すこしでも疑問のある契約書には決してサインしてはいけない、と言っていた。それを思い出して、さっきは誤ったことを言った。すまなかった、とわびたという。

この話が、どうしたことか、R女史の大学の幹部にもれて、ちょっとした話題になった

ということである。

明治から百五十年の近代日本は外国模倣であった。「智識ヲ世界ニ求メ」(「五箇条の御誓文」)を国是《こくぜ》としたのだから、外国の文物《ぶんぶつ》を模倣するのが近代化の中心になったのは、是非もない。

長い間、鎖国をしていて、海外の事情に暗かった日本である。なんでも、とり入れてよいと考えてもしかたがないところがあった。

ヨーロッパには、十八世紀はじめに著作権法ができ[イギリスが最初]、著作物の無断使用を禁じた。二十世紀に入ると多くの国が参加する万国著作権条約が結ばれている。もちろん、日本も、それに加盟していたが、まったく問題にされなかった。

外国の著書を邦訳して出版するのは、当然、著作権法を守らなくてはならないが、近代日本は、みごとに違反した。一部だけでなく、日本中で著作権を無視したのである。

戦前、最大のベストセラーのひとつが、アメリカのマーガレット・ミッチェルの『風と共に去りぬ』(*Gone with the Wind*)であった。

出版元はM書房であったが、もちろん海賊出版であった。海賊版(a pirated edition)ということばは戦後、外国によってつけられたもので、M書房の知るところではない。

あまりの売れ行きに、M書房はアメリカへお礼として博多人形を贈った。それによって、日本語訳が大ベストセラーになっていることがわかったという。これはエピソードであるから、ひょっとすると作り話かもしれないが、版権料を払っていなかったのは、たしかである。

岩波文庫は、日本近代化の原動力といってよいものであるが、著作権料をしっかり支払っていたかどうかは不明である。やかましいことを言う文化人や学者も、この著作権法無視をとりあげることはなかった。

日本の戦後、乗り込んできたアメリカ軍総司令部（GHQ）は、日本の著作権無視を撲滅することを目的のひとつとして、日本の出版にきびしい監視を行なった。原文四百語以上のものを無断で活字にすると、処罰されることになり、出版、言論界をふるえ上がらせた。しかし、そういうアメリカの努力にもかかわらず、日本人の著作権意識は一向に高まらない。

〝大〟小説家と目されていたNが、無断引用で問題をおこした。ヒョウセツされたと主張する学者の告発で問題になり、Nは、日本文藝家協会の要職を辞任することになった。

多くの日本人は、それくらいのことに目クジラを立てるのをおかしいと思ったようである。

本でさえ、著作権無視で、どんどん出版されたくらいであるから、著書の一部借用など、もちろん、問題にならない。

一流の学者といわれる人たちの中にも、外国の学者の研究成果を無断借用するケースがある。盗用と言われてもしかたないケースはいまもなくなっていない。

さいわい、日本語がわかりにくいことばのために助かっているケースがどれくらいあるか知れない。外国人のチェックが容易になったら、危ない論文は文科でどれくらいあるかわからない。国の恥である。

昭和十年代のはじめごろ、日本の英文学にひと変化がおこった。もともとフランス文学などに比べて読者のすくなかった英文学であったが、サマセット・モームの小説が翻訳されて、文学青年ばかりでなく、多くの読者を魅了した。

そのため、出版社はつぎつぎと翻訳書を出したのである。もちろん、著者の承認を得ていない海賊出版であったが、さきにも述べたような事情もあり、問題視するものはなかった。

おもしろいことを言う日本の批評家がいて、モームはフランス文学として読まれていると言った。なるほど、Maugham を「モーム」と読むのは難しく、フランス人だと誤解されてもおかしくない。

それはまったくのアテズッポウというわけでもない。モームは若いとき、フランスにいて医学を修めたことがある。イギリス人にしてはアカ抜けしている。

戦争が終わって、モーム人気は一層高まった。ことに大学の教師に人気が高かったようで、入学試験の英文解釈の原文として各大学が競って出題した。ある年など、九州の大学と東北の大学とが、モームの同じ文章を出題したこともある。もちろん、モーム本人の知るところではない。

そんなことがあった数年後、モームはアメリカへ招かれ講演をした。すでに大小説家と称されていたモームである。

講演後、これからどうする、ときかれて、モームは「日本へ」と言って人々をおどろかせた。どうしてまた、日本などへ、と不思議がるアメリカ人に対して、モームはこんなことを言ったらしい。

「日本人は世界でもっとも早く、私を小説家だと認めてくれて、つぎつぎと翻訳が出て、好評でよく売れたらしい。イギリスでは、三文作家のように言われていたときに、日本人は私の小説を認めてくれた。日本の読者には恩がある。戦争に負けて元気をなくしているらしい。行って元気づけたい……」

モームは、「私の本をもってくればサインする」と予告して、モーム・ファンを喜ばせた。

本来なら海賊出版である。いくら売れても、とがめるべきかもしれないところ、逆に感謝されたのである。著作権無視の日本人は、そんなことも知らずにモームを愛読したのである。

Ⅱ

パラグラフ

かつて、ある小学校で問題がおこった。

六年生のクラスの保護者が担任をつるし上げたのである。その人は弁護士で、そういうことが好きだった。ほかの親たちに呼びかけて、担任に抗議した。先生が期末の試験に、

「つぎの段落の大意をのべよ」

という問題を出した。こどもたちは段落について教わっていなかった。教えられていないことを試験問題にするのは、とんでもないことだと、弁護士がハラを立てた。その人の子は、もちろん、その答案が解けないこともあって、悪い点をつけられたのである。

その担任の先生も、段落について、はっきりしたことを知らなかった。こどもに教えたこともない。試験問題を作るときに、思いついて、つい使ってしまったのである。訴える

弁護士も、段落について明確な知識をもっていたわけではない。いっしょに抗議した親たちも、よくわからなかった。悪い点をつけられたことに怒っていただけのことである。段落ということばをはじめて聞いたという親もいて、騒ぎはうやむやなことで幕になってしまった。

いまはそんなことはあるまいが、そのころの国語の先生で、段落について正しい理解をもっていたのは、むしろ、例外的であっただろう。社会全体が、よくわかっていなかったのである。

昔の日本語には段落というものはなかった。文章は切れ目なく、えんえんと続いた。外国から入ってきた本を見ると、そんなのはなく、ところどころ一字下げて、何行目かの終わりが余白になっている。それが、パラグラフである。

最初にパラグラフを認めたのが、文部省であったのがおもしろい。明治二十年代、パラグラフを認めたのである。そのころの国定教科書にはみな、パラグラフがついていたが、一般には無視されて広まらなかった。新しがり屋の多い新聞が、パラグラフを無視したのだから、当然であろう。新聞は戦後、昭和二十六年だかに、やっと、パラグラフ（段落）を認知したのである。いまの新聞で、（「天声人語」など）コラムに▼のついていることがあるが、パラグラフの変わる合図のようなものである。英語にしても、パラグラフがしっか

り規定されているわけではない。学校英文法は、

語、語句、節、文

を認めているが、その上のパラグラフについては、問題にしない。だから、パラグラフについて、はっきりしたことを知らないイギリス人やアメリカ人はかなりいるはずである。しかし、それが問題になることもない。

ただ、印刷においては、パラグラフは大切な単位である。十行から長ければ十五行くらいで、一パラグラフになり、改行される。

書き手によって、パラグラフもいろいろであるが、おおよそのところはきまっている。パラグラフは一般の記述文について言われることで、小説にも形式上のパラグラフはあるけれども、一般の散文ほどはっきりした単位ではなく、小説でパラグラフが問題になることはまずないと言ってよい。

標準的なパラグラフは、三つの部分からなる。

A（二～三行）　B（長くなる）　C（結びで短い）

大切なことは、このA・B・Cが、同心円のように同じことをのべるのが、普通、正常

である。それぞれバラバラなことをのべているパラグラフもないではないが、すこし、〝行儀が悪い〟。

英語を読んでいる日本人で、このこと、つまり、A・B・Cの同心円のようになっているのが正常であることを心掛けている人はきわめてすくない。

パラグラフでいちばん大切なのは、このAである。それを知らないと、理解が不充分になる。それをしっかりとらえている人は、さらにすくない。日本人の泣きどころはパラグラフである。

このごろはアメリカ式に平易な長い文章を入試の問題にするようだから、パラグラフのセンスは問題にならない。かつては、パラグラフをひとつとりあげ、その全文を解釈させるのが、標準的な英文解釈であった。

そういう文章を読み解くには、パラグラフのことがしっかりわかっていなくてはならない。実際には、そんなことを教えてくれる先生もいないから、受験生も苦労であった。

入試の採点をしていると、白紙の答案は手間がかからないだけにありがたい。採点に疲れてくると、白紙答案にほっとする。しかし、受験生のことを考えると不憫《ふびん》でもある。

白紙だが、よく見ると、鉛筆で原文にしるしをつけたり、線をひいたりしたあとが残っていて、かわいそうになることもある。全文に鉛筆のあとがあるわけではなく、問題のはじめの部分、パラグラフのAのところだけに線のあとがある。そこで断念するのであろう。

　パラグラフのAは、抽象的、一般論的な書き方がしてあり、日本人にはことにこれが手強い。Bは、それを具体的に示す部分である。Aの部分は動詞の現在形であることが普通だが、Bの部分は、過去形の動詞が使われ、つまり、具体的で物語調になる。Aがわからなくても、Bならわかる。しかも、A・Bが同心円的に同じことを言っているのだとわかれば、Bによって Aを理解することができる。Cの部分は、短く、抽象的にAとBをまとめる。

　これがわかれば、とにかく、全体を読んでみる。A・B・Cを区別。いちばんわかりやすいBのところをしっかりおさえれば、Aもわかりやすく、もちろんCがわからないことはなくなる。

　そういう知識を欠いているばかりに、明治以来どれくらいの若い人が泣いてきたかわからない。

　もうひとつ、日本人に欠けているのが、前方重心の原則である。日本語は、はじめを重んじない。何気ないことから書きはじめ、だんだん要点に近づく。最後がもっとも大切ということになっている。末尾重点で、英語と正反対である。

　このことは、文章解釈の問題にとどまるものではなく、ひろく、外国語理解にかかわる。

国際的コミュニケーションにおいて、〝△型〟の発想（日本式）と、〝▽型〟の発想（欧米式）があるということを知っているだけでも、多くの誤解をさけることができる。

近年、若い人の間で、のっけから「結論的に言いますと……」と言うのが、新しいように思われているらしいが、パラグラフの前方重心は、それとは違うのである。

新聞がパラグラフに対して、特殊な対応をしたのは、それなりの理由があったのである。新聞記事は、もともとパラグラフ・ライティングである。パラグラフをいくつも並べてひとつの記事にする。

もっとも注目すべきは前方重心である。新聞記事でもっとも大切なのは見出しである。ついでリード、第一段落……と進む。ニュース記事などには、結論などあってはいけない。

新聞は毎日、何版も出している。あとから大きなニュースがあらわれると、前の版の記事を削ってスペースをつくる。その場合、後の方から削る。それを予想して、重要なことはなるべく前の方に出すのである。

新聞こそ、パラグラフにもっとも敏感であったのである。そして、典型的な前方重心である。

新聞読者で、このことを解しないものが、〝見出し読者〟を小バカにするが、バカでは見出し読者になれない。見出しは後続の記事よりもわかりにくい。いい見出しをつけられるかどうかは記者の力量であるが、後方重点にならされている日本人は、見出しやリードがいかに難しいものであるかを知らないまま、何十年も新聞を読んでいるのである。

表現における前方重心の傾向はパラグラフの次元にとどまらない。

一般の本についても、この原則がはたらいているようである。日本人の感覚でいうと、本のはじめは軽いもので、〝はしがき〟といった文章がおかれることが多い。ごく軽いイントロダクションで、読む方もさっと読み流すことが多い。大切なのは本論である。さらに全体をまとめる結論である。まさに後方重心的である。

そういう本を読むことになれている日本人は、どうしても、不当に結論にこだわる。これが、本の意味を微妙に歪めることを、近代日本人は充分に自覚しなかった。

序論、序説、イントロダクションが軽んじられる傾向がつよく、その分、末尾に力を入れすぎる傾向がある。

欧米の本では、冒頭、イントロダクションの意味がきわめて大きい。その本の主張したいことは、この冒頭部分に展開されるのである。

英文の本では、イントロダクションは、結論（コンクルージョン）より重要であると考えられているようで、本文、結論の部分のない『イントロダクション』という本があるくらいである。

翻訳によって外国の本を理解しようとするには、このことを心得ておく必要がある。末尾重点、結論重視で翻訳を読むと、一種の誤読になる――そういうことを考えないで外国の書物を読むのは正しくない、という反省がもっとあってよいように思われる。

原著を読むに当たっても、はじめの部分をことにていねいに、場合によっては二度読み返すくらいにする必要がある。

外国書を訳す人は、原著のイントロダクションをそのまま訳してこと足りたと感じていてはいけない。イントロダクションの前に、訳者の考えるイントロダクションをつけるくらいの用意が必要であろう。

そういう用意がなかったから、欧米の学術書が不当に難解に感じられたのかもしれない。すくなくとも、翻訳が知的興味を刺激することがすくなかったのだと考えることができる。日本人は終わりを重視する。ということは、はじめをおろそかにする傾向を内在させている、ということである。そのために、外国の思想、学術をうまく移入することができなかったところがあると思われる。

〝はじめ〟に弱いことは、日常会話にも見られる。日本人は会話が下手だと言われるが、出だしのところがうまくとらえられないからであることがすくなくない。

At what time did you get up this morning?

ときかれても、はじめの部分がしっかりききとれていないので、後半がわかっても、返事ができないのである。

〃△型〃の頭をもった日本人が〃▽型〃のことばを理解するのはひどく苦労する。そのことを知らずに外国文化を学ぼうとしたのだから大変なわけで、これは、にわかには変わらないことを近代日本の百年は訴えているように思われる。

文法

日本で働くために若い人が東南アジアなどから渡来するようになったのは、戦後もだいぶたってからである。

ことに人手不足の医療機関に就職の希望が多かったのが、なかなか順調にすすまなかったのはコトバの壁のせいである。

日本で仕事をするには、日本語ができなくては話にならない。来日してから日本語を速習するらしいが、うまくいかない。教えられる日本人がすくなかった、というより、ほとんどいなかった。教えている人のなかには、しっかりした学力もない家庭の主婦などもいるという。

すこしくらい勉強しても、外国人に日本語で会話のできる学力をつけさせることは容易ではない。

ところが、日本の病院などで働くためには、資格試験を受けて合格しなくてはならない。いい加減でなくとも、速習日本語コースを受けたくらいでは、合格するのは難しい。二年つづけて不合格になると、日本滞在が許されなくなる。

志を得ないで帰国した人がどれくらいいるかしれないという。日本人はよほど鈍感なのであろう。そういう人を見ても平気だったのである。なんとか試験に合格させ、資格を得て、働けるようにひと肌ぬぐという人があってよいのに、ついぞ、そういう話をきいたことがない。

泣く泣く日本を離れなければならない人たちの心情を察することができないのは、いくら島国だからといって許されることではない。

日本の友人になれる人たちに悲しい思いをさせて、平気でいられるのは恥である。それで、日本を恨む人がいてもしかたがない。

まず、こういう外国人に日本語を教えられる専門家を養成することである。文科省でなく外務省の管轄で、日本語学校をつくる。初習の外国人に長くて一年で、役に立つ日本語を身につけてもらえるようにするのである。

それが、しかし、うまくいかない。日本語の先生というのがそもそもいないのである。

日本語研究所と呼ばれることを拒んでいる国立国語研究所が、あえて、なにか具体案を出してくれれば、その価値は小さくない。

だいたい、日本人は文化的にだらしない。母国語をしっかり学ぼうという精神に欠けている。日本語を大切にする、などということは考えることすらない。それでも一人前の顔をしていられる。ありがたい国だと思うことはできないから、情けない、などと考えたりもしない。

フランスで、選挙演説で文法上の誤りが二つあったというので落選したというようなことを聞くと、どこかのオトギ話かと思うのである。

そうかといって、日本人がすべて文法音痴だということはできない。けっこう、ことばにうるさい人がいるのである。

そういう人はどこで文法を身につけるのか。教室ではない。まして、家庭でもない。中学校で学ぶ〝英文法〟のおかげである。日本語だけでは、名詞に単数と複数があり、さらに単複のないものもある、ということは決してわからない。

「わたし」は、第一人称。複数の「わたしたち」「われわれ」は、第一人称の複数形だと教わる。

「わたし」は世界中に、われひとりのはず。複数形があってはおかしいではないかという疑問はもたないことになっている。しかし、日本人は、そもそも、第一人称を使わないほうが落ち着くと感じているのである。

「行きます」と言えば、わたしが行くことになる。「わたしが行きます」と言えば、〝ほかの人は行かないで〟というニュアンスが出たりするのである。

中学でまじめに英文法を勉強したものは、それくらいのことは考えて当然、そして、〝英文法っておもしろい〟と言うことができる。

鉛筆が一本なら a pencil であり、二本なら two pencil ではなく、two pencils というのも、おもしろいと言うことができる。

実用英語が教養英語を攻撃するとき、まず英文法が槍玉に上がったこともあって、日本の文法は力を失った。しかし、それとともに、英語好きも減ったことに気づく人はすくなかった。

戦前から、英文学に劣らぬ力をもった英語学者は、英文法ではなく、英語学に関心を向けたから、学校英文法も下火になった。構造言語学、生成文法（チョムスキー）などは、言語学であって、英文法とは言わない。学校英文法はさらに影のうすいものになった。

実用英語によって、文法教育の影がうすくなるとともに、英語に対する知的興味も下がったことは重大である。学校文法は間接的ながら、日本人の思考力を支えるものであったたからである。この文法のもつ思考への影響力については、ドイツ語のほうが英語を上回っていた。ドイツ語を専攻した人たちは、一生、その名残りをとどめることが多かった。

いずれにしても、学校文法は、それが学んだ人間の思考を色濃く染めるということを、外国語教育にかかわるものは考えなくてはならない。

イギリスから伝えられた英文法はたいへんよく出来ていた。イギリスが世界に植民地をひらき、そこをみな英語圏にしてしまったのは目ざましいことであったが、原動力のひとつに〝英文法〟があったことを認める人はすくない。

ヨーロッパ諸国による植民化は、文法教育の力に負うところが大きく、イギリスが最大の植民地帝国になり得たのも、英語化にすぐれていたからである、と考えることができる。

かつて、日本の中学生にも英語好きがすくなくなかった。どうして好きになったのかは、はっきりしないが、なんとなくおもしろかったのである。新しいものにふれるよろこびのほかに、文法の知識が知的で、それによって頭が整理されたように感じられたことと関係しているようにも思われる。日本語でそれに対応する知識を与えられなかっただけに余計である。

明治のはじめ、日本語文法をつくるのに大きな役割を果たしたのは、日本に来ていたイギリス人であった。まったく性格の異なる日本語を英文法の考えで組織立てるということは、たいへん困難な仕事である。日本語文法をこしらえようとした人たちが、どんな苦労をしたか、いまからは想像することもできない。

英語の文法を移したような日本語文法である。しかるべきときに、日本人の手によって洗練されなくてはならなかった。それが、なされないままきてしまったのは不幸である。

ついでながら、どこの国でも、その国のはじめての文法をこしらえるのが外国人であるらしいのがおもしろい。文法の知識を必要とするのが、そのことばを知らない、知りたいと思う外国人であってみれば、当然のことかもしれない。

東南アジアなどから、仕事を求めて来日する人は、わかりやすい日本語文法を切望してよい人たちだが、それを要求する力がないのである。日本人はそれを察して、学校文法をつくるべきなのである。

なにごとも外国の真似をしてきた日本である。外国人の立場に立って考えることができなくなってしまっている。不幸である。

外国人のための、日本語文法は、日本のこどもにも役立つだろう。それで、ことばに対する知的関心を高め、ことばが好きなこどもに育てることは充分に可能である。

英語教師による日本語文法がいくつもあらわれて、互いに競い合うようになれば、日本語は新しいことばになり、ゆくゆくは国際語になる可能性も生まれて来るであろう。

実用的なすぐれた文法をこしらえるのは、知的な憲法をこしらえるようなもの。おもしろくないわけがない。なぜ、これまで、手をつける人がなかったのか不思議なくらいである。

英語に、interesting as well as instructive（タメになるばかりでなく、おもしろい）ということばがあって、新刊の本などの宣伝文句としてよく使われるが、いいものを創るのは最高に、おもしろく、有益である。新文法をこしらえるのは、もっとも大きな興味と実益をもった仕事であると考えることができる。

明治以来、ことごとくマネばかりしてきた日本だが、このあたりで、独創、発明を考えるべきである。デタラメな状態にある日本語の口語の文法を、自分たちの手でつくることができればその意義は大きい。

日本の英語には、その責任を負っているという考えがあらわれないのは残念である。

なにごとも外国に学ぶのだ、と宣言した明治初年の日本である。しかし、先立つものが、外国語の知識であることがよくわかっていなかったらしい。

鎖国中もオランダ語は許されていたのは事実だが、語学専門の役人（通辞《つうじ》）は会話のことばしかできなかった。本を読むことは禁じられていたのである。そういうオランダ語の専門家ではどうにもならない。

外国からやってきた外国人たちはまるで役に立たない。カトリックの布教に来たヨーロッパの宣教師たちも日本語に泣かされた。いくらやってもわかるようにならない。それでハラを立てたらしい。ことばは神からの授かり物となっているが、日本のことばは例外。日本語は〝悪魔のことば〟であると、ローマの法王庁に伝えた（それを覚えていた二十世紀のジャーナリストが、「日本語は悪魔のことば」という論を、アメリカの雑誌『タイム』に展開したが、ハラを立てる日本人はいなかった。天使のことばではなく、悪魔のことばであるのを黙認したことになる)。

明治になって、日本語のできる外国人はそれこそ例外的であったにちがいない。政府は、なけなしの外貨を惜し気もなく使って、留学生を出した。

彼らは、ヨーロッパのことば、とくに英語を習得するのが目的である。どうしたら、こういう外国語を日本人に教えられるか、それを考えた人もいるにはいただろうが、とにかく外国語がわかるようになるのが先決だから、帰ってきて、日本人の英語について考えた人は、ほとんどなかったように思われる。

歴史的に見て、日本が外国のことばを学ぼうとしたのは、漢文化を学んだときしかない。そういう漢字、漢文学を、日本人は外国語として学ぼうというのではなく、半分、国語化した。つまり、原文（白文）に返り点や送り仮名をふって読む〝訓点読み〟を創出した。これはこれとしておもしろい試みで、世界文化史に特記されるべきことであった。

訓点読みは、原文の語順を入れ替えて、半国語化することで、それをもとに、漢学がおこり、漢文はほぼ母国語だと感じる日本人を育てた。彼らの創り出した漢学は、日本の学問である。彼らはエリートであった。

明治の日本が、外国語を学ぼうとしたとき、まず頼りになるのは漢学者であった。ヨーロッパ語を学ぶ指導者となったのは、漢学者たちであったのは自然である。明治初年だけでなく、かなりあとあとまで、洋学者は漢学出身であるか、それによく影響された人たちであった。

中国のことばを学ぶのに、日本は音声をはじめから度外視した。千年の漢学の歴史のなかにあって、中国語で会話のできる日本人は例外的であった。

中国語では会話のできない儒家たちは筆談をしたらしい。

そういう伝統のなかで育った漢学者たちがヨーロッパ語をとり入れようとしたとき、音声に対する関心がなかったことは異とするに足りないだろう。

sometimes（ときどき）を「ソメティメス」と読ませた。ローマ字読みに近い。neighbor（となり）は簡単ではない、「ネイボール」と読ませたのである。

ソメティメス、ネイボールでは、通じないことははっきりしていた。発音改良の試みは割合に早く始まった。外国人に通じないのは、改めていくということになって、外国人の発音に近い発音をするようになった。それが〝正則英語〟と呼ばれ、それまでのソメティメス式英語は〝変則英語〟と呼ばれることになったのである。

英学で先頭に立っていた慶應義塾が、変則英語の雄であったというからおもしろい。変則英語という恥ずかしい名前はまもなく消えたが、正則英語のほうは正則英語学校ができたこともあって、広く知られることになる。

発音軽視という点で、明治の英学は漢学の影響をつよく受けている。

発音のことは、そういうわけで、解決したのではなく、棚上げにされた。読めるといっても、黙読のこと。会話はダメという日本人の外国語は、漢学の伝統からすれば、きわめて自然であった。

ことばの意味、文章の解釈は、それほど簡単ではなかった。依《よ》るべきものがないからである。わけのわからない話や文章をチンプンカンプンと言ったが、背後に漢文の読みの伝統が見えかくれするのである。

しかし、どうにもならないと言って、手をこまねいていることを許さぬ事情があった。旧制の中学を出て進学する高等学校、専門学校の入学試験の最重要科目は英語であり、しかも、「つぎの英文を和訳せよ」という問題ばかりが出た。日本語を英語にする和文英訳は、つけ足しのようであった。

受験生にとって、いい参考書は何よりもほしいものであったはずで、いろいろな参考書が出版されたが、受験生を満足させるようなものは、なかなかあらわれなかった。

明治三十年ごろになって、注目すべきものがあらわれた。著者は、当時の学習院教授の南日恒太郎《なんにちつねたろう》である。日本語に移すことの難しい、難句や難文をあつめて、それを日本語にする方法をいくつか組織的に考え出した。それを「英文解釈法」と呼んだので、以来、英語の参考書は英文解釈法と呼ばれることになった。日本の英語の歴史において、もっともすぐれた成果であると言うことができる。

明治以来、百五十年にわたって、英語、英文学のために注いだ知的エネルギーは、今からでは想像を絶する莫大なものであったけれども、得られたものはまことに乏しいものであった。学術的な価値のある研究は、数えられるほどで、むしろ、皆無であったと言ってもよいくらいである。そのなかにおいて南日恒太郎の英文解釈法の業績は特筆されるべきものである。日本の英語研究において最大の業績である、と断言することもできる。

南日恒太郎の英文解釈法は大昔の漢文訓点読みにも比すことができるが、漢文の訓点読みに比べると実際的な有用性は劣るものであったかもしれない。

しかし、南日恒太郎の業績は偉大で、多くの追随者があらわれて、多くの英文解釈法の参考書が出版された。正規の学校の教師より予備校の講師のほうがすぐれたものを出したようである。

大正の終わりにかけて、小野圭次郎が、英文解釈法を出した。それが受験生に迎えられて、大ベストセラーになり、戦後に至るまで〝小野圭《おのけい》〟の愛称で受験生に親しまれた。

それにつづいて山崎貞がやはり英文解釈法を出した。こちらは、南日の流れを汲んでか、小野圭に比べて難解度の高い英文が選ばれていたこともあり、競争のはげしい学校の入試をねらう学生は〝山貞《やまてい》〟を使った。

昭和十年代になると、英語の受験参考書はほぼ二書、小野圭と山貞にしぼられた観があった。英語の得意な、よく出来る生徒は山貞、それほど自信のない生徒は小野圭、と自然に色分けがなされていた。

これを書いている私は、中学（旧制）三年生のときに、山崎貞の『英文解釈研究』（のちの『新々英文解釈研究』）を手に入れ、半年で、二度読み通した。そのおかげで、英語がよくわかるようになり、成績もよくなった。山貞の参考書を感謝の気持ちでふりかえる。

戦後、学制が変わり、新制大学が発足。当然、入試も変わって、小野圭、山貞は古いと言われるようになった。新制の大学で一般教育の英語を教える教師たちが、いくつもの英文解釈法を出版したけれども、いずれも、山貞、小野圭に遠く及ばなかった。それにつれて、英文解釈法を真剣に勉強する学生もすくなくなって、英文解釈法ということばもすたれるようになった。それにつれて英語の読解力も低下したように思われる。近年の入試の英語は、長い文章を読ませるのが流行りだから、英文解釈の影がうすくなるのも是非もない。

社会には、なお、かつての英文解釈法を高く評価する空気が残っているのかもしれない。版元の研究社が山貞の「復刻版」を出したところ、おどろくほどの売れ行きだったらしい。英文解釈法はなお、まったく消えてはいないのである。

英文解釈法は、ただ、英語の参考書であっただけでなく、日本人の思考形成に深い影響を及ぼしている。そのことを知らない人がすくなくない。

「…のみならず、…もまた」「あまりにも…で、…ない」「…にはあまりにも…である」などという日常の言い回しは、英文解釈が教えたものである。その影響は思いのほか大きい。

スピーキング

明治以来、日本の英語は読むこと中心で、書くことはつけ足し、話すことは、まったく考えなかった。聴く訓練をするところは、どこにもなかった。

どうしてそうなったのか、考える人もなかったが、ほぼ漢学のやり方である。

幼いこどもが、論語などを教わったが、漢文の書ける人はほとんどなかった。漢語で会話することは論外。いよいよとなれば、筆談をした。たいへん不自然な外国語であったが、日本文化創造の原動力であることができた。話すことのできない英語を、はじめ英学と呼んだのは、漢学を考えたからであったと思われ、英学の伝統は、いまなお、尾をひいているのかもしれない。

昭和十年代のはじめ、ある田舎の中学校でちょっとした騒ぎがあった。

新任の英語教師が、日本語を使わない授業を始めた。その先生は、入学したばかりの一年生に、日本語抜きの英語の授業を始めたのである。

出欠の返事も、ハイではいけない。ヒア、サー（Here, sir.）と言わされる。その話をきいた上級生が、この先生に、ヒア・サーという綽名《あだな》をつけて、学校中で笑いものにした。ヒア・サー先生は、東京高等師範学校を出たばかりであった。東京高師は、オーラル・メソッドを広めようとしていたのである。

昭和初年、話せる英語というので、英語の口頭訓練が考えられ、文部省がイギリスからハロルド・E・パーマーを招いて、指導に当たらせた。パーマーは、オーラル・メソッドというものを普及させようと努力したが、会話などを認めようとしない日本人の心を動かすことは難しかった。いつとはなしに学校関係者から見放された。

東京高等師範学校は、中学校教師の教員養成機関としての責任もあって、オーラル・メソッドに熱心であった。さきのヒア・サー先生もその教育を受けたひとりだった。しかし、生徒をひきつける授業をすることができなかったのは、ヒア・サー先生だけではなかった。学校として、オーラル・メソッドをとり入れた英語の授業をしたところも、一、二あったが、スピーキングの教育は広まらなかった。

生徒としても、わけもわからず、英語をしゃべっても、おもしろくない。教え方も上手とは言えない。そういう状態がずっと続いた。明治から、日本人の英語は文法中心であり、口語的表現に弱かった。

夏目漱石と親しく、朝日新聞社きっての英語の達人といわれた杉村楚人冠《すぎむらそじんかん》は、so much for（それで、おしまい）というイディオムがわからず、妙なことを書いて、漱石から注意を受けたことがある。外国人の教師は授業が終わると、“So much for this morning.”と言って教室を出る。「今日の授業はこれまで」という意味である。そんな成句も、本ばかり読んでいると、わからないことがあるのだ。

英語を話す人は、だいたいにおいて、文学作品などを読まないし、難しい本ばかり読んでいる人は、日常のイディオムもわからない、ということがずっと続いた。

戦争が終わって、これではいけないという反省がおこり、英会話学校がたくさん生まれたが、勉強家の学生などはバカにして問題にしなかった。

アメリカが心配して英語教育改善のため、ＥＬＥＣ（エレック）という組織を作らせて、話す英語に努力した。実業界からは評価されたが、英語の教育者は冷淡であった。

日本人は、そもそも、ことばを話すことを軽んじるところがあるらしい。長い間、読めども話せない漢文を学んできたためであるかもしれないことは、本書のほかのところでも書いたが、そのクセが英語にも持ち込まれたのであろう。

日本人ほど外国語を話すことの下手な国民はいないのかもしれない。下手なくせに、間違いをひどく恐れる。しゃべることができないわけである。

そんな日本で、先年から、小学校で英語を教えることが始まった。どういうことばを教えるのか、はっきりしないで、小学生に英語を教える、というのは、ずいぶん乱暴な話であるが、そんなことを心配する人もすくなくないなかで、小学生の英語教育が始まった。とくに訓練を受けた教師もいないのに、はじめ小学五、六年生としていたのを、三、四年生まで広げるという。

英語が話せるようになるには、日本語が話せなくてはいけない。

その日本語の会話を教えるところがないのに、外国語を教えようというのは乱暴というより〝無茶〟である、という人もある。

話すことばは、書くことばより下等であるという常識を改めなくてはならないが、長い文化的伝統にもとづいていることだけに、早急に改めることは至難であろう。

III

ニュー・クリティシズム

日本の文化、学問は、先進国を模倣することに徹している。明治以来ずっと学ぶことは、真似ること、であった。

英語、英文学についても、大学で講義されたけれども、断片的知識をかじっていたにすぎない。〝研究〟というようなことを部外の人には口にしたが、研究の名に値するものは皆無に近い。しいて言えば、夏目漱石の『文学論』くらいで、これは欧米の研究より進んでいたと言うことができるが、日本人自身、そのことを、現在もなお認めようとしない。イギリスの文学研究が、夏目漱石の水準に達するのに二十年以上要したということを知る日本人は、例外的であるといってよい。

もともと、文学は、読んで楽しむものである。分析したり、批判したりするものではないのである。教養のためにはなるが、研究の対象として、適当ではないのである。したがって文学批評、文学研究というものは、いちじるしくおくれている。専門家などあるわけがない。名をなした作家が批評家となって、文学論を展開する。それは、大工が建築批評をするに近いことである。そういうことを教える人がなかった。

それくらい文学研究はおくれていたのである。二十世紀になっても、大学の英文科を認めようとしなかったイギリスの見識は、やはり進んでいたことになる。アメリカがもっとおくれていたのは是非もない。そのアメリカへ留学して喜んでいたのが日本人である。アメリカで叩き込まれたことを帰国してさかんに吹聴《ふいちょう》したが、耳をかたむけるのは一部にとどまった。

一九五〇年代に入ってアメリカの文学研究に新風がおこった。アメリカといっても保守的とされた南部の町の小さな大学からであった。

テクストの精読による解剖学のようなもので、もっぱら思想を追っていた北部に対抗するものであった。

これが成功し、北部の大学にも波及して、大きな運動になった。適当な名称がないまま、ニュー・クリティシズム（新批評）と呼ばれた。たしかに、方法論のない文学研究にとって、もってこいの新思考である。

ただし、ニュー・クリティシズムは、アメリカ生まれではなかった。イギリスの大学で創出された文学研究で、ケンブリッジ大学の文学理論を借用したものである。ケンブリッジ学派の源流は、I・A・リチャーズとウィリアム・エンプソンで、とくにエンプソンが高く評価された。

日本からアメリカへ留学した英語、英文学の研究者は、当然、このニュー・クリティシズムの洗礼を受けたが、その割に、おもしろくないと思う人がすくなくなかったようである。

留学しない英・米文学研究者たちも、もちろん、ニュー・クリティシズムに目の色を変えた。エンプソンやリチャーズをあわてて読み出したが、これがなかなかわかりにくい。英文科の秀才たちが音《ね》をあげた。

日本で、ニュー・クリティシズム流行以前に、リチャーズやエンプソンを読んでいたのは、ごくごく限られていた。大学でいうと、東北大学と東京文理科大学（旧制）である。

東北大学は、土居光知《どいこうち》教授の見識でケンブリッジ学派の本を読んでいた（桑原武夫《くわばらたけお》の「俳句第二芸術論」は、東北大学の土居セミナーで、リチャーズやエンプソンの文学論を学んだことが根にあったが、桑原はフランス文学者だから、世間ではそのことを知るものはなかった）。

東京の学生、英文科の秀才たちは、エンプソンとリチャーズに泣かされた。難解でわからないとみんなと嘆いた。

東京文理科大学の若い研究者が、そういう若い人たちの訪問を受けた。「どうして、ケンブリッジ・スクールの英文はあんなに難しいのか」という質問に対して、東京文理科大の研究者が、「なに、あれは、悪文ですよ。わかりにくいのは当たり前」と言ってのけて、秀才たちをおどろかせた、というエピソードがある。

悪文かどうかは見る人によって異なるが、エンプソンとリチャーズは、もとは文学の人ではなかった。エンプソンは、数学科の学生だったのが転科したのであり、先生のI・A・リチャーズは、心理学の研究者だったのが、突然、英文学の教授になった人である。文学青年の喜ぶような文章が書けなかったのは、むしろ当然と言ってよかった。

ケンブリッジ学派にとって、東京文理科大学は特別な存在であった。

東京からロンドンに留学していた、福原麟太郎《ふくはらりんたろう》は、I・A・リチャーズのもとで論文*Seven Types of Ambiguity*を書いたばかりのウィリアム・エンプソンを東京文理科大学の教師にする話をまとめて帰国した。

エンプソンは、東京文理科大学外国人教師として来日し、東京大学にも出講した。

そのエンプソンの学生の中でもっともよく学んだのが、東京文理科大学の学生で、のちに英文科の助手となった山路太郎《やまじたろう》であったが、若くして亡くなった。

I・A・リチャーズはもっと難解であったが、いち早く、東京高等師範学校附属中学教諭だった石橋幸太郎《いしばしこうたろう》が翻訳に成功している。

エンプソンの著作は戦後になるまで、手をつけるものがなかったが、岩崎宗治《いわさきそうじ》によって、『曖昧の七つの型』という邦題で刊行された。

その間、アメリカのニュー・クリティシズムは、ニューという名がふさわしくなくなって力を失ってしまった。日本で、〝ニュー・クリ〟などとさわいでいた人たちも、いつのまにか年老いて、ニュー・クリティシズムは忘れられるともなく、忘れられるようになった。

パブリッシュ・オア・ペリッシュ

戦後の日本で、アメリカのためにひどい目にあったと思っている人が、わずかながらあったことを一般の人々は知らない。

いちばん大きな影響を受けたのが、教育関係の人事である。とくに、大学、高専、なかでも文系の教職員であった。

旧制の高等学校がつぶされて大学の予科のような教養部にされたのが、いろいろなところにひびき、事実上は降格になった若い教師は、頭が狂うほどであったであろう。専門学校の教員も、新制の大学に入れてもらえず、人生がおかしくなった人がどれくらいいたか知れない。

なんとか新制大学へ移行できた大多数の教師も、安閑《あんかん》とはしていられなかった。うまく昇進することが難しかったのである。

旧制大学と師範学校、専門学校をいっしょにして新制大学にしたのだから、教員が過剰になるのは当たり前だが、それはなんとかしても、やっかいなことがあった。

もともとは、教授一人、助教授一人、助手一人で構成されていた大学が、新制になって混乱。教授一人、助教授三人、専任講師二人、助手三人といった大講座がいくつもできてしまったのである。

助教授以下の昇任でごたごたするのは当然だが、どうしたらよいのか知るものはない。旧制の大学、高専では、年功序列に近い人事が行なわれていた。定員もはっきりしていたから、ごたごたをおこす昇任人事は例外的であった。

それが、ぶら下がりの助教授ができると、どうしたらよいか、知る人もなく途方にくれて、その都度、人事選考委員会をつくり、同僚の人事をすすめるのだが、うまくいかないことの方が多かった。

年はとっているが、業績のすくない人と、若いがどんどん論文などを発表している人とで、どちらを選ぶか、判断に悩むことがすくなくない。候補者がいずれも同僚であるだけに難しい。

そこへもってきて、アメリカ流の人事選考原則、〝業績中心主義〟である。業績がすぐれていれば、年齢など問題にならない。とにかく論文がモノをいう。パブリッシュ・オア・ペリッシュ（Publish or Perish）。「論文を書け、書かないなら消えろ」というのは、ひとごとなら痛快だと思っていられても、生身の人間には残酷である。

いままでのように気に入った作品をあれこれつついていたのでは論文など書けるわけがない。だいいち、論文など読んだこともないし、もちろん書いたこともない。卒業論文というものは書いたが、論文ではないことは本人がよく知っている。

どうしたら論文が書けるようになるのか、指導できる人がいないから当惑する。

留学から帰ってきた連中が、アメリカでは、ただ勉強をしているのではなく、研究（リサーチ）をしている。テーマをきめて、いろいろ調べたり考えたりするのだ、とおどした。

気の小さなものは、そんなこと、自分にはできない。論文など書けない。研究者になるのはあきらめよう。教授になれなくてもしかたがない——そんな風に考えたのは、良心派であったのかもしれない。

元気のいいのが、リサーチで行こうとした。シェイクスピアなんか読んでいても論文は書けない。専門をきめよう。なるべくふとい方がいい。外国の研究を参考にして特殊な問題をテーマにすれば、専門家にもなれる。教養などと言っていては、論文が書けない。

にわか仕立てのリサーチで、専門の論文が書けるわけがない。イギリス、とくにアメリカのモノグラフ、特殊研究を〝参考〟にして、論文をでっち上げるしかなくなる。剽窃《ひょうせつ》である。

それでも、論文として通る。借りものづくめであることを見破る人など、そもそもいないのだから安心である。

ありがたいことに、日本人の論文などに関心をもつ海外の学者はいないから安心である。かりに興味をもっても、〝悪魔のことばの日本語〟である。読める人がいない。どんなひどい無断借用があってもバレることはない。日本の文系の諸学問が進歩しないのは、日本語の壁に守られて、盗用論文を書く研究者がなくならないからであるが、それを問題にしようという人がないのは、同類だからであろう。

それはそうとして、外国文学で、オリジナリティのある論文を書くことは、たいへん難しい。百年以上になる日本の英文学研究で、英文で発表できるものを書いた人はないと言ってもよいかもしれない。

研究論文だけが剽窃、無断借用をしているわけではない。日本国内で、出版された雑誌にも外国の図書からの盗用があるのだから情けない。

そういう日本の大学で、専門研究をしようなどというのは、そもそも、無理である。外国のものを寄せ集めて、つなぎ合わせると、「研究」になるのだからありがたいが、それすら、言うに言われない苦労がある。

しかし、論文がないと、業績欄が埋まらないから苦心する。ことにこの百年の英米文学者は、ずっと教養英文学でやってきて、論文など書こうとしたこともなかったのである。急に業績表を出せなどと言われても、どうすることもできない。

ある大学の文学部で英文学教授の選考が行なわれ、助教授が昇任すると選考委員できまって、学部教授会に書類が提出された。

それを見た国文科の人から、一般書の書評が業績とされているのは不適当であるという意見がでて、英文科の選考委員長はことばに窮し、ほかの人たちから失笑を買った。なんとか黙認されはしたものの、英文科は評価を落とした。

英文学やアメリカ文学に限らず、論文らしいものを書くのは、一般に考えられているよりはるかに難しいものである。いや、外国文学でなくても文学の論文はたいへん困難で、日本文学でも、論文であるというものが本当に論文であるとは言いがたい。これは、欧米の国々においても似たようなことがおこっているのではないかと考えられる。

外国文学の勉強は、一にも二にも、学ぶことから始まる。知識を広め、理解を深めるのが進歩である。しかし、それは模倣である。真似である。真似たことを論文にすることはできない。論文には、大なり小なり〝発見〟がなくてはならないが、模倣で得た知識から発見を導き出すことは不可能に近いといってよい。日本の英文学だけが責められるのは、当を得ないかもしれない。

文学作品を読めば、多少の感想をもつのは当然であるが、それを文章にして発表するのが必要かどうかはしっかり考えないといけない。仲間うちならば、業績だとすることができても、実際は、こどもの作文とあまり違うところがない、そういう論文もある。

そういうことが、アメリカの真似をして、パブリッシュ・オア・ペリッシュに近いことをしているうちに、だんだん明らかになり、真剣に外国文学の研究をしようという人が減ってきた。パブリッシュ・オア・ペリッシュではなく、パブリッシュ・アンド・ペリッシュになってしまったのである。

そんなことなら、こつこつ論文などを書こうとするより、文化的教養の方がおもしろいということになって、英文科の評価がまた下がってしまった。

専門家がそういうことを告白したわけではないが、外国の模倣がそれほどおもしろいものではないことを、若い人たちが感じはじめたのである。重大な事態である。新しい文化の学問としなくては、それこそペリッシュしてしまう。

上品な教養主義に浸っていた人たちは、ほとんど危機感をもたないのに、大学の英文科志望者が減り始めた。学生数の確保が難しくなりそうだということに、私立大学は敏感に反応し、おどろいたことに、英文科の看板を下ろすところがあらわれ、同じ不安におびえていた大学が、おくれるのをおそれるかのように、追随。あっという間に、多くの大学から英文科がなくなってしまった。

看板は下ろすことができるが、生きた教員をなくすことはできない。英文科はヨーロッパ比較文化などという世をあざむくような名前の学科に化けた。そういうことを教えなくてはならない人たちの苦しみを考える人もすくない。

一応は先進国といわれる国で、日本ほど外国語、外国文学を専門にしている人の多い国はないだろう。しかも、エリートの端くれぐらいには思い、そう扱われてきたのである。自国の文化が高まるにつれて、外国のことを勉強し、仕事にしている人たちの社会的評価が低下するのは是非もないことだが、それを認めるのがおくれるのは、どうともしがたい。

われわれは本当に力いっぱい勉強してきたのであろうか。〝鳥なき里のコウモリ〟ではなかったと言い切れるか。いくらかどころか、たいへん手おくれであるが、胸に手を当ててみる必要があるように思われる。

イギリス人に負けない仕事が、これまでの日本では生まれなかったのは認めなくてはならないが、心を入れ替えれば、乗り越えることができるのか。真剣に考える必要がある。

そのときはじめて、いまはことばにしかすぎない〝世界文学〟というものがはっきりする。

いまは、新しい道との岐路《きろ》にある。これを超克《ちょうこく》すれば、文学は学問になることができるかもしれない。

パブリッシュ・オア・ペリッシュを経験した人間は強い。

考えて、考えて、新しい知的世界を創ることは可能である。

模倣を捨てて、あえて創造の道を求めて進まなくてはならない。

講義・ノート

学校は授業をし、大学は講義をする。そうきまっていた。授業は教科書によって行なわれるが、講義は教授のこしらえてきた原稿を読みあげ、学生がそれを一字一句書き取る、となっていた。

講義の草案をつくるのは年季の入った教授ではないと難しい。講義は週に二つ、多くても三つしかできない。

大学へ行ってみると、掲示板に「○○教授、本日、休講」と出る。先生が病気になったのではない。原稿がまとまらない、講義ができないから休講とするのである。

学生が歓声をあげてお茶など飲みに出かけたりする。二時間の講義である。午前十時からの講義が休講になれば、午後一時までお休みになる。ついでに帰ってしまうという学生もいる。

教授にしても、遊んでいるわけではない。草稿をつくるのに大勉強をする。不心得な先生は、外国の論文を拝借することもありうる。

ことに若い教師にとって、講義はたいへんな苦労である。毎週、卒業論文を書いているようなもの。間に合わなくなる。そう毎度、休講というわけにもいかない。良心的な学者の悩みは大きかったに違いない。しかし大学の教師は、最高の知性である。泣きごとを言うことすら許されない。今にしてみると、よくもみなさん、職務をまっとうされたものだと思われる。

そういう講義である。週一度でも大変であるが、それでは学生は卒業単位を満たすことができないから、二つ、三つの講義をしなくてはならなくなる。

それでも不足するから、よそから非常勤の先生を招いて講義してもらう。いずれも経験豊か、つまり、いくつも講義案をもっている人で、この人たちは、非常勤でも講義をするのを喜んだ。

学生三名の学科に、教授と助教授三名というところもある。世間は首をかしげるが、すこしもおかしいことはないのである。

毎年、新しい講義をするなんてことはできない。学生が一巡するまでにひとつ新しい講義ができれば上等である。

法学部などでは、司法試験の準備になるから、別の意味でたいへんである。そういうこともあって、法学部の教授は独自の著書はすくなく、講義録のような本ばかり出すと悪く言う無学の輩《やから》がすくなくなかった。

文学部の講義は、法学部より難しい。学問の体制ができていない上に、文学は制作、鑑賞すべきもの。論にして教えることはできないという考えが有力であった。

日本だけでなく、イギリスでも、文学の講義ができない。学問にはならないというので、英文科に相当するのが生まれるのは二十世紀になってからである。ドイツはひと足早く、大学で英文学を教えられた。

ドイツの真似でつくられた東京帝国大学は、明治の中ごろ、早々と英吉利《イギリス》文学科があった。

夏目漱石は、東京帝国大学英吉利文学科を出た文学士である。イギリスに留学することになって、イギリスの大学の英文科へ入ろうとしたが、ない、とわかった。しかたなく、漱石はロンドン大学の文学科で学ぶことになる。

それに不満をいだいたに違いない夏目漱石は世界ではじめて、文学の本格的論文を書いた。

イギリスから帰った漱石は、「文学論」という通年講義を行なった(その前に、半年講義「英文学形式論」を講じた)。東大の俊秀たちにもチンプンカンプンの講義に学生たちが反発し、一部で排斥運動もあったらしい。

世界でも前例のない講義である。学力の幼い日本の学生にわかるわけがない。勢いこんでいたに違いない漱石の受けた打撃は察することもできない。結局、漱石は英文学を離れることになる。

漱石の講義がわからなかった学生たちにも同情されるところがあった。漱石の講義を理解できるものは、世界にもいなかったと思われるからである。

漱石の「文学論」が本になってから二十年余りして、イギリスのケンブリッジ大学にはじめて英文科に当たるものができた。

その初代の三教授のひとりが、I・A・リチャーズで、「文芸批評の原理」を講義、ただちに出版され、世界をおどろかせた。世界ではじめての学問的文学論と言われ、三十年後にはアメリカへ渡り、ニュー・クリティシズムをおこす原動力になった。

おもしろいことに、リチャーズの方法論が漱石ときわめてよく似ているのである。漱石は、心理学と社会学の視点で文学を考える、というものであったが、リチャーズの考えは、心理学と生理学の角度から文学にアプローチする、というもので、酷似していると言ってよい。互いに交流がなかったのだから偶然というほかはない。

リチャーズの文学論が世界的影響力をもったのに対して、漱石の「文学論」は読む人もすくなく、放置されている。

漱石の「文学論」が成功とは言えなかったのは、講義ノートをもとにしていたということが関わっているかもしれない。

「文学論」講義をノートした学生のうち、よくできていると思われたのが中川《なかがわ》芳《よし》太郎《たろう》（第八高等学校教授）のものであった。まったく斬新な文学論である。そのころ、大学でもしっかりした組織をもっていなかった心理学、社会学の知見がとり入れられている。学生でなくても、その考えを正しく受けとめることは不可能だった。そのノートをつくった中川の苦しみは大きかったにちがいない。

「文学論」のゲラ刷りを見て、漱石が怒り、絶望したといわれるが、中川の責任にするのはいかにも気の毒であったと思われる。講義ノートをとるのは、たいへんなことであることを、「文学論」は如実に示しているが、いまだに理解されることがないといってよい。

「文学論」のノートは、気の毒な面を伝えるが、大学教育は、ノートをとることで継続されたことは忘れられてはならない。近代日本の文化は、ノートから生まれたということもできる。

日本には、もともとノートというものがなかった。講義を書き取るものが作られ、それが〝大学ノート〟と呼ばれた、左開き、横書き、一ページ二〇から三〇の罫線がひかれている。

左から右への横書きは、日本語の構造に逆らうものであるが、学問のためだ、そんなことを言っていられない、というのが文明開化の日本であった。

おもしろいのは、国文学の講義ノートまで横書きされたことである。日本の文字はタテ書きに合わせてできている。横に書くのは理に合わない。大学の国文科なら、そんなひどいことをするはずがないのに、平気でしてしまった。

戦後、公文書は横書きにすべし、という政府の訓令が出たが、国文学、国語学の人たちはひとことも発することはできなかった。

大学の講義ノートが、きたないものであったことを知る人はすくなかったが、学校の先生になった人たちが、きたない、下手な字を書いて悪影響をおよぼした。

小学校の正教員は、戦前の師範学校で五年間、みっちり書道の教育を受け、すばらしく美しい字を書いて児童に感銘を与えた。横書きの大学ノートで、書く字が下手になった大学出の代用教員が、ミミズのはったような字を板書して、こどもたちからひそかに軽蔑された。

日本人の書く字がきたなくなったのは、大学ノートのせいである。戦後の大学ではノートをとらなくなったが、文字がきたなく、下手なところは受けつがれているようである。

戦後、アメリカ式の新制大学が急増、大混乱になった。そのどさくさにまぎれて、外国語の教師が激増する。

新しい規則では、外国語と体育の単位が必須になった。つまり、その単位がないと、専門の単位がそろっても卒業できないのである。

高度成長期、大学の工学部が毎年のように学生定員を増員した。学生二〇名を増やすと、体育一名、外国語の英、独（ところによっては仏）の語学教師一名を増員しなくてはならなくなった。工学部の学生定員を大きく増やす大学もあったから、そのたびに外国語教師も増やさなくてはならなかった。

またたくまに、英語教師が不足し出した。高校からは移れる人が限られているから、新しくできた大学院の卒業生がねらわれる。修了者はすぐ底をつき、現に大学院にいる学生の青田買いがさかんに行なわれた。

修士論文が書けるかどうか指導教授が危ぶむような学生が、どんどん就職が内定する。うまく教えられるわけがない。「高校の英語のほうがずっとおもしろかった」ともらす学生がすくなくなかった。大学の英語の評判を悪くした。後年、大学紛争がおこったときも、もっともつよく批判されたのが、こうして大学へ入った教養部の若い教師であったのは偶然ではない。

そういう者たちに講義ができるわけがない。教養部の教師は、原則、講義をすることはできなかった。専門コースの教員が講義を担当したのはいいが、年間を通じて講義できる教授はどこにもいなくなって、大学はよからぬことを考えた。

「講義」は四単位、テクストを読む「演習」は二単位と決まっているが、講義のできない教師ばかりで、単位不足で学生は卒業できなくなる。

そこで、「講義演習」というのをつくった。実際は、演習、つまり講読であるのに、講義を加味するというので、四単位を与えるのである。

小説を読んでも講義演習なら、四単位になるのである。そういう単位で卒業した人がどれくらいいるか知れない。

これは英文科のはなしだが、ほかの科でも、「講義」をきちんとしているところは珍しかったであろう。

大学ノートは、必要なくなり、姿を消した。似たようなノートはないことはないが、ただのノートである。大学ノートなどと言ったらおどろかれるだろう。

大学ノートはなくなったが、ノートをとることで始まった悪筆はいよいよ勢いがよいようである。

そうでなくても、年をとると、書く文字がきたなくなる。読みにくい。横書きで乱れた文字は、ますます悪くなり、パソコンで打ち出すのも苦である。

自分で書いた手帳のメモがどうしても読めず、ほかの人に読んでもらう、というのが、決して例外でない。

読書会

英語は外国語である。

いつまでたっても、これでよし、わかった、という気になることが難しい。どれくらい正しいだろうか。著者の考えがわからない。何を言おうとしているのか——考え出すと、だんだん自信がなくなる。

そういう気性の仲間が、みんなで読もう、ということを考える。おもしろそうだし、シェイクスピアを読もう、というグループが方々にできる。

学校を出て教える仕事をはじめてからも、みんなで読めば、よくわかるような気がするのである。夏休みに入る前に〝読書会〟を計画する。勤めがあるから、ふだんでは集まることが難しいが、休みになれば、都合をつけられるのである。

五人のグループをこしらえるとする。初日から五日間、毎日、午前と午後、シェイクスピアに付き合う。五日で読めるわけがない。あらかじめ、ひとり一幕ずつ、当番をこしらえる。シェイクスピア劇は五幕ときまっているから、ひとり一幕受けもてばよいことになる。

めいめい受けもつところの下調べをして、当日を待つ。

午前十時に始めて、昼まで、当番が読んで訳していくのをほかのものは聞く。心掛けのいいのは、自分の当たっている幕以外でも、目を通してくるけれども、たいていは、その日にはじめてお目にかかる。訳していくのも大変だが、聞いている方も楽ではない。外は暑いし、昼になると、へとへと、ではないが、かなり疲れている。

昼の休み、弁当をつつきながら雑談するのが、たのしみである。勉強しているのだという自負もある。

午後は、続きである。午前中ほど頭がはたらかないような気がするのは、からだが昼寝を要求しているしるしかもしれないが、もちろんそんなことはしていられない。難しいところへくると、みんなで考えを出し合ったりして、それが、同志という意識を生じるらしく、読書会をいっしょにした人は、とくべつな友人ということになる。

おそくても、午後のあまりおそくない時間に、その日は終わる。明日以降もあるから、ぐずぐずしないで終わる。お互いなにがしかの達成感につつまれて分れる。

読書会の味を覚えると、別のテクストでも同じようなことがしてみたくなる。ひとりでは歯のたたないような本を読む読書会を計画するのである。

われわれが若いころ、難解な、というか、読みにくいといわれた本に、I・A・リチャーズの *Principles of Literary Criticism*（『文芸批評の原理』）というのがあった。リチャーズを読みこなすには、よほどの語学力が必要である。それならば、読書会で読もう、というのがあらわれる。

シェイクスピアには註釈がととのっているから、註釈が読めればわかる。しかし、リチャーズには、そんなものもないし、自然科学の表現が多く、小説などを読んでいた頭を寄せつけない。はじめからあきらめる人がほとんど。読書会なら、というので同志をあつめる。

これは全員が体当たりでいく。なんのことかわかりにくいことも、みんなでつついていたら、ぼんやりながらわかってくることがある。知的快感ともいうべきものがある。
A、B、C、の三人が、それぞれ違った解釈をしているとき、Dが、三種のうちどれに同調するか、それとも、別個、新解釈を出すか迷うのも、あとで考えるとおもしろい。
そして、めいめいが、自分の考え方の個性、ないしはク丶セ丶をもっていることを発見することもあって、自分でもおどろくことがある。

ほかの人と同じように考えることができることを知るのも愉快だが、ほかの人たちとはまったく違った解釈をしたところでは、さらにするどい刺激を受けて、自分の知的個性というものに気づかされる——というのも読書会のありがたいところである。

ある英文学者は、いくつもの読書会で本を読む経験を通じて、ものの考え方を「集合的無意識」であるという結論に達した。コレクティヴ・アンコンシャス（collective unconscious）というもので、普通、外国文学研究者のもっとも欠けたところである。

ひとりで考えていて、さっぱりおもしろくないが、みんなで読むとおもしろい、ということが、すくなくともわが国ではすくなかったように思われるが、読書会はそれに風穴をあけるものである、と言うことができる。

外国文学を理解するのは特別の難事である。イギリス文学で、イギリス人の考えと違ったことを考えれば、誤りにきまっている、とされる。それで、知恵のある研究者はイギリスの考えについていくのがオーソドックスなりとして、模倣ばかりすることになる。

日本でしっかりしたコレクティヴ・アンコンシャスに基づいた新しい考えが得られたら、イギリスの研究とならんで評価することができる、という考えが、ついに生まれなかったのは惜しいことである。

日本英文学というものは、とうとう現われなかったが、イギリスの研究や考え方を範とする考えから自由になることができなかったためで、いまごろ、なんのかんのと言ってみたところで、しかたがないが、すこし残念な気もするのである。

戦後、アメリカから業績重視、専門尊重の風潮が流れ込んできた。それで学会が急増した。モームが来日するというと、早速、モーム協会をつくる。会長、副会長がいて、研究会が開かれたりする。

手元の『英語年鑑』(研究社)から、アトランダムにひろっていくと、日本キリスト教文学会、日本ジョン・スタインベック協会、日本バーナード・ショー協会、日本エミリィ・ディキンスン学会、などがならんでいる、とても全部をならべることができない。

ほかに日本英語史学会、日本アメリカ文学会、日本英語表現学会など、多くの学会があって、研究発表が行なわれている。

元締めは、日本英文学会である(日本アメリカ文学会は、戦後のスタートである)。

その日本英文学会は、昭和三年(一九二八年)に生まれた。といっても、新設ではない。それまでの東京帝国大学英文学会(一九一七年設立)を移したものであった。官立大学、有力私立大学の英文科の首脳を役員としていたが、東大色が濃厚であった。「英文学研究」という学会誌が発行されたが、日本語の論文が主体で、海外の読者は意識していなかったが、それは当然として、問題にするものもいなかった。

日本の英文学の公的活動は決して目ざましいものではなく、心ある人たちは首をかしげたほどである。一般社会が英語で動いている感じすらあったとき、英文学、そして、アメリカ文学も、その存在を確立することができなかったのかもしれない。

読書会は、そういう時代において、もっとも純粋な活動であったと、いまにして考えることができる。読書会に熱心な人は、まじめな勉強で、テクストから離れることが難しい。しばらくすると実務が忙しくなったりして、学究の世界から離れる、というのをとめることも難しかった。

そうしたなか、東京大学英文科出身の若い研究者たちが、新しい批評文学を目ざしたのであろうか、活発な議論を、エッセイとして発表、『エッセイズ』という同人誌を出して、若い世代の英文学の志を示したように思われた。『エッセイズ』の同人や、その近くの人は、英文学界に新風を送った。どういう展開があるのかと、多くの人の関心を集めているとき、アメリカからニュー・クリティシズムが渡来したが、その受容がうまく行かなくて、エネルギーを失ってしまった。

どうしてニュー・クリティシズムをうまくとり入れられなかったのか。

ひと口に言えば、学問的教養が欠けていたからである。アメリカでニュー・クリティシズムがさわがれるようになり、それに影響された日本からの留学生が見よう見真似でニュー・クリティシズムを理解したと考えたところに限界があった。

ニュー・クリティシズムがさわがれるようになってはじめて、エンプソンを読んだりしたのでは話にならない。I・A・リチャーズに至っては、本を見たこともない、というのでは、いくら気勢をあげても、独自の批評論を生むことなどできるわけがない。リチャーズやエンプソンは難解で、いわば悪文であると言いのける勇気は、上品な日本の若手英文学者にはなかったのである。

戦前から戦中に、I・A・リチャーズの勉強をしていたのが、東北大学である。土居光知《どいこうち》教授は日本には珍しい独創的学者で、戦争のはげしくなるころ、リチャーズの読書会のような研究会をひらいていたらしい。そのメンバーのひとりであったフランス文学の桑原《くわばら》武夫《たけお》は、日本でもっとも早くリチャーズを知った学者で、その「俳句第二芸術論」がリチャーズを背景としているのだが、それを知るものはいなかった。

リチャーズのことを桑原武夫より、土居光知より早く、よく知っていたのは、東京文理科大学英文科助手であった山路太郎《やまじたろう》である。

山路はエンプソンが東京文理科大学の教師として来日したはじめから、その講義に出ていた。すぐれた語学力の持ち主である。エンプソンの講義を正確に理解し得た唯一の学生であったが、惜しいことに、若くして病に倒れた。日本の英文学にとって大きな損失であったというほかない。

日本の英文学にとって大きな影響力となったのは、まず、ラフカディオ・ハーン、ついで、エドマンド・ブランデンであった。エンプソン、リチャーズがそれほど大きな影響を与えることができなかったのは、エンプソンの失意のうちの離日とともに、惜しまれることである。

IV

悪魔のことば

アメリカの週刊誌『タイム』は、一九六〇年代の世界をリードしたといってよかった。イギリスの政治を一変させたといわれる *Parkinson's Law*（『パーキンソンの法則』）を絶賛した書評を載せた。サッチャー首相は、このパーキンソンの法則によって、イギリスの改造を行なったと言われる。その影響を受けたのが中曽根康弘首相だと言われた。

『タイム』は、「この本は、ダーウィンの進化論以来の大著である」という書評を載せて読者をおどろかせた。

その『タイム』が、日本文化の大特集をした。その中に、言語のセクションがあって、見ると、〝悪魔のことば〟となっていて、日本の読者をおどろかせた。日本語が悪魔のことばであるなどというのは聞いたこともない。あとでわかったことだが、四百年前、キリシタンの宣教師が日本へやってきた。ところが日本の人々のことばがわからない。ほかの国ではこんなことはなかった。人間のことばは神のつくり給うところとなっているが、日本のことばは悪魔の仕業《しわざ》であるに違いない。バテレン（宣教師）がそんなことをローマに書き送ったらしい。ヨーロッパで広まった。

それを、ひっぱり出して、見出しにした『タイム』には、悪意があるとしてもよかった。ところが、日本人は知らん顔をしていた。外務省は、役所の仕事ではないと思ったのであろう。無視。日本語の専門家はどう考えたかわからないが、これに言及した人はなかったようである。英語の読める日本人、英米文学者、英語学者は専門外のこととして、知らん顔をした。一般の日本人はそういう雑誌記事のあることも知らない。したがって、日本ではまったく反響がなかった。『タイム』がせっかく力んでみたが、効果はゼロであったのはおもしろい。

『タイム』が日本語を悪魔のことば、と言ったのには、もちろん、わけがある。

そのいちばん大きな問題は、第一人称の代名詞だった。

世界中どこの国のことばでも、第一人称は、ひとつにきまっている。「私」が二つも三つもあってはおかしい。

日本語は第一人称がいろいろある。わたくし、わたし、あたし、ぼく、おれ、わし、われ、小生、拙者、吾輩……など。複数形もそれに準じて、たくさんある。こんな人間のことばはない。悪魔のことばだ、というのである。

もっともおかしいのは、そんなにいろいろな第一人称があるのに、第一人称抜きでものを言い、その方が普通だというのも正常ではない。そんな理屈にならない理屈もならべて、日本語を悪魔の仕業だと呼んだのである。

ハイスクールの生徒の作文なら愛嬌《あいきょう》だが、世界をリードする週刊誌の記事としては、お粗末を通り越している。これを見すごすのは知的怠慢としてもよいところである。

それを日本人はやってのけた。とんだ恥さらしである。

アーサー・ウェイリーの英訳『源氏物語』は、訳者による意訳、改変が多すぎる、原作を冒瀆《ぼうとく》するものである、翻訳とは認められない、と騒いだのは国文学の人たちである。それが見当違いの批判であることを知らないままであるが、日本語は悪魔のことばなりとするのは、それより大きな誤りである。もっと怒り、もっと声高に反論を出すべきであったのに、まったく反応しなかった。なぜであろうか。文学は大切だが、国語はどうでもいい、という考えがあるとしたら、それこそ問題である。

英文学者も日本人なら、バカなことを言われて黙っている手はない。反論しなくてはいけない。それを言われっぱなしにしてしまったのは、恥である。

そして、日本のことばの研究がまるでなってないことを一般に周知させる努力をすべきであった。

『タイム』は、日本語の第一人称がおかしいというのだが、多くの日本人にとって、第一人称という考えがはっきりしない。「私たち」というのが、第一人称の複数ということになっているが、私はひとりしかいないはず。複数はおかしいことは、中学生だってわかる。英語にしても決して、神のつくり給うたままのものではないということができる。

明治初年、イギリスから来た人たちが、イギリスの学校文法をもとに日本語文法をこしらえた。まったく違う言語を同じカテゴリーの中に入れようとしたのだから、ムリはやむを得ない。

憲法ではないが、大改訂が必要だったのに、それを怠ったままである。

日本の学者、研究者は専門主義に毒されている。専門外のことをすると堕落であるように考える。若い研究者が日本文化についての仕事をすると、専門の仕事が済んでからにせよ、と叱られるのである。そして、その専門の仕事と言えば、イギリス、アメリカのものを真似たり、焼き直しくらいしかできない。それを研究とか、学問であるように考えるのが、模倣主義である。

明治以降の日本の学者は、残念ながら、この模倣主義を超克することができなかった。

それに反撥《はんぱつ》した科学の世界でも、仮面をかぶった模倣主義から脱却することが困難であるようである。

戦争が終わったとき、指導的な文人や学者が、日本語ではなくてフランス語を国語にしていれば戦争に負けなかっただろうとか、パンを食べていれば日本人は優秀になれただろう、といった血迷ったことを述べた。いくらかおだやかになったものの、外国崇拝、自己否定、外国模倣はかなり多く、二十一世紀にもちこされた、と言ってよい。

模倣のもとは、イギリス文化、アメリカ技術であるが、日本の英語、英文学は、それに対して、ごく小さな貢献もすることができなかった。

それを経済、実業界から追求されているのもかまわず、擬似アカデミズムに遊んできたのが、日本の英語、英文学である。

とうとう、社会から「ノー」をつきつけられるまでになってしまった。

英文科志望の若い人がすくなくなって、英文科の看板を下ろすところが続出するようになったのである。

辞書

小学六年生のとき、どういうわけか、国語辞典を買ってもらった。辞書とは言わず、字引きであった。

珍しいからしばらくは、あちこちのぞいていたが、いつとはなしに、放り出してしまった。

「南」を引くと、「北の反対」とあり、「北」を引くと、「南の反対」となっている。いかにもその通りだが、そんなことを教えてくれなくてもいい。わかっている。バカにするな、と思って、愛想を尽かした。

中学校(旧制)に入ったら、『広辞林』と『大字典』という大きな辞書を買わされた。どちらも枕にできるくらいだった。そのころの田舎の家庭には本らしいものもなかったから、大きな辞書を二冊も買わされて、びっくりした。

学校でも、ひと通りの使い方は教わったような気がするが、こんなもの、本当に役に立つのかという気持ちであった。どちらも、当時のお金で何円もした。使いはしなかったが、捨てるわけにはいかない。その後、住まいを変えるたびにもち歩いた。そんなに長く手元に置いた本はないが、これほど役に立たないものもない。

中学校へ入って、英語の *My English Dictionary*（『初級英語辞典』）という辞書を買わされた。これは、『広辞林』、『大字典』とちがって小型である。ひまなとき、のぞいてみると、おもしろそうだ。単語の意味だけでなく、例文がいくつもついていて、いちいち訳文が添えてある。それもわかりやすい。すっかり感心して、することのない時間があると、あちこちのぞくのがクセのようになった。編者は岡倉由三郎《おかくらよしさぶろう》。版元は研究社。NHKの英語講座の講師だったらしいが、放送を聞いたことはなかった。もっぱら時間つぶしの愛用であった。

そのころ、もっとも広く使われていたのは、『コンサイス英和辞典』である。中学生から大学生まで役に立つように、語彙をたいへん多くしてあるのが特色で、これ一冊で一生、不便しないようになっていたらしい。おびただしい部数が出ていただろうが、こどもは、そんなことには興味がない。

おもしろくなかったのは、活字が小さいこと。しばらく見ていると、目が痛くなったりするのである。目の弱いのはどんどん近視になった。こちらは *My English Dictionary* にほれ込んでいたから、『コンサイス』は見なかった。

英文科の学生になって、日本の英和辞書が頼りないような気がして、イギリスの辞典を手に入れて愛用、愛読した。はじめのうちはよくわからなかったが、使っていると、だんだん良さがわかってくる。*Pocket Oxford Dictionary* である。世界一の辞書であると信じた。日本の字引きが、「北」は、「南の反対」ということをやっていたとき、『ＰＯＤ』の north をみると、

「春［秋］分の日、赤道上で、日没に面している人の右手の指す方向」

といった意味の説明がある。これなら、世界中どこでも通用するのである。日本人には、北という簡単なことばを定義するのに、春［秋］分、赤道などという難しいことばを使うのに抵抗があるけれども、〝定義〟ということを考えないからである。

英語の 21 や 22 は twenty-one, twenty-two と言うのが普通だが、one and twenty, two and twenty と言うことがある。適齢期の女性の年齢を言うときに限る、などという注意がしてある。イギリスのほかの大きな辞書にもない説明でおもしろい。適齢期の女性については、

一か二かが問題だから、これを先に出す、というのは、心理的におもしろい。

3 parts という英語がある。$\frac{3}{4}$ のことである。4 parts は $\frac{4}{5}$ のことになる。『POD』はこれを一般化して x parts = $\frac{x-1}{x}$ であるとした。私は、これを見て、すぐ間違いだと思った。x parts = $\frac{x}{x+1}$ でなくてはいけない。

辞書を作っていた友人に聞くと、『POD』の定義が正しいという。確かめようと、OUP（オックスフォード大学出版局）に、間違いではないかと手紙を書いた。

しばらくすると、

「キミの指摘は正しい。x parts = $\frac{x}{x+1}$ でなくてはいけない。次の版から訂正すると言ってきた。いかにもさわやかで、いい気持ちであった。そして、その通りになったようだ。

『POD』は、オックスフォード辞書系列の小さい方から二番目である（最小は *Little Oxford Dictionary* だが、『POD』ほど使われていない。日本でも手にする人はすくなかった）。

『POD』のひとつ上が、『COD』（*Concise Oxford Dictionary*）で、日本の『コンサイス英和辞典』は、この名を借りたもの。『COD』もよくできている。その上が、『SOD』（*Shorter Oxford Dictionary*）で、これは2冊本だったが、あまり愛用されなかったようである。

いちばん大きい辞典に当たるのが、『ＮＥＤ』(*New English Dictionary*)で、のちに『ＯＥＤ』(*Oxford English Dictionary*)と呼ぶようになった全十二巻、補遺一巻の大辞典であった(第二版は全二〇巻、補遺三巻、現在は電子版に移行しつつある)。

まったく新しい編集方針によって、十九世紀中ごろに、いわば国家的事業として始められ、数十年してようやくAの巻が出るという辞書である。

各語がいつ英語になったかを、原典によって確かめた。そのために古い文献を新たに刊行する力の入れようである。〝歴史的規準に基づく〟と表紙にうたった。世界の歴史ではじめての偉業である。

それを見て、おどろき、わが国でも……、と国家的大辞典を計画したところが、フランス、ドイツ、アメリカと続いたが、成功したところはひとつもない。すべて中途で挫折し、『ＯＥＤ』の名を高めた。

多くの日本人が、英語の大審院(最高裁)だ、と呼んだほどである。中学校でも買うところがあって、学校はそれを宣伝にした。

日本語の『ＯＥＤ』のような辞書をつくろうという試みもあったが、徹底した歴史主義を貫くことはかなわなかった。

もちろん、英語辞書は、オックスフォード系辞書に限らない。ほかにもよい辞書はあるが、オックスフォード系にはかなわない。

日本では、明治のはじめ、アメリカへ留学する人が多く、そういう人たちは、ウェブスターの辞典を大切にした。戦前の日本の英語はイギリス流であったから、ウェブスターの辞典が広まることはすくなかった。

日本人の編纂した英語辞書は、かならずしもオックスフォード系辞書によらない。ウェブスター式でもない。日本流の辞書が生まれた。岩崎民平《いわさきたみへい》（『新英和大辞典』）、木原研三《きはらけんぞう》（『コンサイス英和辞典』）は、すぐれた英語辞書を作った。

ひるがえって、日本の国語辞書をみると、外国語の辞書を使ってきたにもかかわらず、外国語の辞書の影響を受けることがなかったように思われる。昔ながらの字引きが辞書としてまかり通った。『ＰＯＤ』に感心した人たちも、日本語の同じような辞書がほしいとは思わなかったのであろう。古いものを焼き直したような辞書が大きな顔をしていた。

そんななか、金田一京助《きんだいちきょうすけ》編『明解国語辞典』が戦前から多くの人たちの支持を得て、ベストセラーであった。戦後、見坊豪紀《けんぼうひでとし》、山田忠雄《やまだただお》らが加わり、用例を重視した辞書に衣替えして、『新明解国語辞典』（一九七二年）となった。おそらく日本ではじめて、用例に基づき、語義をたしかめる編集方針の国語辞典をこしらえた。よい辞書を求めていた人たちに迎えられて、たいへんな好評を博し、現在に至っている。

一般の興味をいだくのは、どうして、外国の日本語辞書が見られないか、ということである。辞書というものが、きわめて国粋的なものであるのではないかと考えさせられる。いくらオックスフォード系の辞典がすぐれているといっても、ドーバー海峡を越えることは難しく、大西洋を渡ることが難しいのであろう。

国民的国語辞書が生まれるというのは、したがって、民族国家の知的独立を表明したことになる。外国語の辞書が影響を与えることがすくないのは、そのように考えれば、むしろ当然である。

日本の英和辞書が、いまなお、日本の国語辞書よりもすぐれているとすれば、それは日本文化の幼さを表わしている、と言ってもいいのであろう。

近年、電子辞書が普及し、インターネットなどを使う人たちが増えているが、辞書の個性というものは、実際には消えることがないのである。

それよりも、辞書をつくるという地味な仕事をする人がいなくなっているという心配が小さくない。

ことわざ

一九九〇年、韓国の盧泰愚《ノ・テウ》大統領が来日、国会で演説したことがあった。そのなかで、「日本には、〝流れ去った水で水車は回らない〟ということわざがあるが……」というところがある。

議場の議員たちはもちろん、ことわざなどご存知ないから聞き流したが、記事を書く新聞記者も知らない。あわてて方々に問い合わせたが、はっきりした答えを出せる人がなくて、いい加減にごまかした記事になった。各紙とも呉越同舟《ごえつどうしゅう》だから、これはなかったことになった。

実は、わたくし、某紙から電話で聞かれた。もちろん知らなかったので、あやまったが、ふと、浮かんだことを伝えた。これは、日本のことわざではない。大統領が勘違いしているのだろう。日本のことわざなら、こんな調子の悪いことば遣いをするはずがない。外国のことわざでしょう、と言った。

結局、そのときは調べがつかなかったようで、このことわざは忘れられた。

ずっと後になって、このことわざが、イギリスのものであることがわかった。A mill cannot grind with the water that is past. が元であるらしい。韓国大統領が日本のことわざだと思っているのは、日本で訳されたためであろう。先にも言ったが、調子が悪いから、早々に消えたのである。韓国ではその後も生きていたというのがおもしろい。調子はよくないけれども、モラルはおもしろい。

戦前の小学校に、「よく学び、よく遊べ」を校訓のようにしているところが、方々にあった。

こどもたちは、そんなことを言われてもよくわからない。〝よく学び〟はいい。みんな勉強が足りない。しかし、〝よく遊べ〟というのがわからない。遊んでばかりいる、といつも叱られているではないか。

ある小学校で、茶目なこどもが先生に質問したそうだ。こんなに遊んで、叱られているのに、なぜ、〝よく遊べ〟なのか、というのである。

先生はもちろん、考えたこともないから、あわてて、ごまかした。そういう話である。

しかも、日本で生まれたものではなさそうだ。外国のことわざの類いをあれこれさがしても、似たことばがない。

いちばん近いのが、十九世紀のイギリスで生まれた、

All work and no play makes Jack a dull boy.（勉強ばかりして、遊ばないと、こども［ジャック］はバカになる）

ということわざである。例によって調子がよろしくない。とても日本のことばにはならない。その心をとって、勉強ばかりしていると、バカになる、とすることができるが、それでもなお、おもしろくない。いっそのこと、〝よく学び、よく遊べ〟とすれば耳にさからうこともない。そういう苦心の末だったと想像することができる。

教育は机に向かって勉強するだけではいけない。体を動かす、〝体育〟が必要であるというのが十九世紀イギリスのパブリック・スクールの思想である。勉学と同じように、校庭での活動を奨励した。それがすばらしい効果をおさめて、文武両道が教育の思想になったのである。

それに共鳴した人たちが、生み出したのが、〝よく学び、よく遊べ〟であったと考えてはどうだろうか。

「ころがる石はコケをつけない」(A rolling stone gathers no moss.)

というのも、イギリスのことわざで、日本では学者趣味の人が、

「転石コケを生ぜず」

などとしたために、つまらぬ成句になり、忘れられるようになった。

ころがる石とは、商売替えや、引越しばかりしている人間のこと。ロクなことはない、成功しない。はっきり言えば、カネをためることができない。イギリスのしっかりした辞書で、コケをカネだとしているものがある。「石の上にも三年」、じっと辛抱するのが成功の道だというのである。

日本でも、同じようなニュアンスで、「ころがる石……」は、〝石の上にも三年〟式に解釈されていた。

ところが、戦後、アメリカ文化が入ってきて、このことわざの新しい意味が生まれた。勤めなどはどんどん変えた方がいい、たえず動いていればコケなどつかない、という意味である。イギリスでは、カネを感じられたコケが、アメリカではサビのように感じられるのであろう。

アメリカ人は長い間、イギリスのことわざを間違って使用していることを知らなかったのである。それを日本人が気づいて、注意したのである。

問題はコケにある。多湿であるイギリスではコケは美しく、好ましいものである。その点は、日本と同じで、コケを自慢するコケ寺があるくらい。

他方、アメリカは乾燥している。コケを喜ぶことはできない。コケのつかないのが評価される。イギリスのことわざをねじまげて反対の意味で用いていた。しかし、それも自覚しなかったのがおもしろい。

日本はイギリス式解釈に同調できたが、戦後、アメリカの影響がつよく、コケを好ましいと感じない人たちも増えた。そういう人たちは、たえず仕事を変える人は、才能があるからで、コケなどつけず、ぴかぴかしているように感じる。そして、コケ支持とコケ否定とに二分、共存することになったのである。

おもしろいのは、ローリング・ストーンズ（The Rolling Stones）という世界的なロックバンドである。イギリス流とアメリカ風とをミックスして、世界中をかけめぐる活躍をしていることを端的に示したのである。ローリング・ストーンズのファンは日本にもすくなくないが、「ころがる石はコケをつけない」ということわざを知らない、あるいは、よくは知らない人が多い。

英語を専門にしている人の多くは、ことわざなんか、と小バカにしている。それで、なんでもないことわざがわからない、ということになる。

Children should be seen and not heard.

というイギリスのことわざがある（そう言えば、アメリカのことわざは貧弱で、たいていはイギリスのを借りている）。

このことわざにしても、アメリカでも心ある家庭では口ぐせのようにしているというが、日本ではははっきりした意味を知る人がすくないようである。

ことわざを集めた日本の本で、

「こどもはよく監督しなくてはいけない。言いなりになってはいけない」

といった意味に解しているが、読者も知らないらしく、訂正されずにいつまでも残った。中学生でも知っている単語ばかりである。それがどうしてわからないのか。このことわざを支える生活を知らないからである。

「（こどもは）見られるべし、聞かれるべからず」

というのは、「（こどもは）だまっていなさい。余計な口をきいてはいけません」ということなのである。

こどもは、よそから来たお客などのまえでも、おしゃべりをする。じゃまである。余計なことを言ってはいけない。じっとしていなさい。〝見られるべし、聞かれるべからず〟というわけである。

アメリカでも中流家庭では、こどものしつけとして、これを使ってきたらしく、アメリカ人はよく知っている。

日本人は、生活にかかわる知識をバカにするから、生活の知恵から生まれたことわざをありがたがらない。シェイクスピアを教える英文科の教師でも、このことわざを知らない。学校で勉強することとは、程度の差はあっても日常生活から遊離しているから、ことわざは、学校英語の泣きどころになるのである。

このごろ、外国の生活についての情報が多くなったから、昔のようなことはなくなるであろうが、なお、ことわざは泣きどころである。日本人の英語が、観念的というか、ブッキッシュで足が地についていないように思われるのも、ひとつにはことわざに無関心である学校教育のせいである。

充分な用意もなく、小学生の英語を正課にしてしまった日本。何を教えたらいいのか。

教科書もないが、それでいて、困ったという声をあげる人もないのは、いかにも不思議である(近く教科書はできるらしいが……)。

これはジョークの類いだが、小学生に、ことわざを教えてみたらどうか。一語一語の意味など教えるのではなく、ことわざを〝丸暗記〟させる。どうせわからないだろうから、意味も教えない(すると、余計に知りたがる子が出るだろうが、構わず、ほっておく)。

一週間に、ことわざ三つくらいを覚えさせれば、一年で百くらいのことわざを身につけることができ、英米のこどもに、その点では負けない。

かつて漢学のさかんであったころ、幼い子に〝四書五経〟を読ませた。それに比べたら、ことわざなどはなんでもない。そして得るところは、必ずしも小さくないと考えられる。

英語の先生

いよいよ戦争がせまっていた昭和十六年のことである。

東京高等師範学校附属中学校の教員室にひとりの生徒があらわれた。

音楽志望だが、周りに反対されて悩んでいた生徒である。助けを求めに来たのであった。

生徒は、芥川龍之介の遺児、芥川也寸志《あくたがわやすし》である。対する先生は、石橋幸太郎《いしばしこうたろう》。

芥川龍之介は亡くなる前に、こどもたちを芸術家にしてほしくない、ということを言い残していたらしい。

当然、也寸志の希望はかなえられない。母親だけでなく、龍之介の親友たちが故人の遺志を大切にし、也寸志の音楽志望に反対していたのである。

思い余って少年は担任の英語の先生、石橋先生の助けを求めて、やってきたのである。

じっと少年の話を聞いていた石橋先生は、

「よし、君のしたいことをするのがいちばんいい。お母さんには私から話してあげよう」

と告げて、卓上の電話で鎌倉の未亡人のところへかけた。

「本人の本当にしたいことをさせるのが大切です。いろいろのご事情がおありのようですが、本人の思うようにさせてやってくださいませんか。いまここにご子息がいます」

といった話をする。未亡人は人間のできた人だったのであろう。即答した。

「先生のおっしゃる通りです。周りのみなさんには、わたくしからお話して、わかっていただきます」

石橋先生、受話器をおくと、

「お母さんの賛成を得た。音楽へ進むことができる。よかったネ。こうなったら、入試に落ちたりできない。猛烈に勉強しなさい。学校のピアノも空いているときは、いつでも使えるように、音楽の先生に話しておきます」

本人の気持ちはどんなであったであろう。この話は随筆にも書いたが、その文章からも察することができる。

こういう先生がそうそうあるものではない。難しいことをひとことで解決するのは人間力である。そうそうたる文学者たちが見守るなか、あえて少年の志を守ることは、そんなにやさしいことではない。

芥川家としても、かねてから石橋先生をすぐれた教育者だと思っていたに違いない。その先生から直接に話をきいて、その場で先生の言われることをしようと決断した未亡人もすぐれた人であったのであろう。この話、いつまでたっても忘れられない、さわやかな感銘を受ける。

石橋幸太郎は秀才であった。

東京高等師範学校在学中、高等教員認定試験に合格した。いまなら大学教員の資格である。当時では高等学校、専門学校の教員になる資格である。在学中に、この試験に合格するというのは、きわめて難しい。何年にひとり、といったくらい。

その石橋は、しかし、附属中学校の教師になった。周りもそれなりの敬意をいだいていたはず。こどもから話を聞いた家庭でも、信頼を深める。芥川少年の話は、それがはっきりした例である。

石橋は、ただの中学校の英語教師ではなかった。難解をもって鳴るI・A・リチャーズの本をはじめて翻訳、世人をおどろかせた。

戦後、東京高等師範学校の後身の東京教育大学の英文科の教授となって、福原麟太郎《ふくはらりんたろう》を助けた。

たいていのものが、勉強から離れる五十代になっても、勉強を続け、新しい構造言語学についても学識が深かった。

六十歳で東京教育大学を停年退職することとなり、石橋は最終講義をした。戦後、最終講義が行なわれるようになったが、いわば、挨拶のようなものを、一時間も二時間も聞かされるほうはいい迷惑であった。石橋の最終講義もその類いだろうとタカをくくっていた人もあったらしいが、石橋は目のさめるような話をして出席者をおどろかせた。いかにも勉強中の学者が中間発表をしているような趣きがあり、若い人たちをふるい立たせた。

石橋幸太郎のすこし先輩に大塚高信《おおつかたかのぶ》という文法学者がいた。おそらく、日本の生んだ最大の語学者であろう。その『英文法論考』という若いときの著書によって、語学のおもしろさに目をひらかされた人がどれくらいいるかしれない。

石橋幸太郎より、すこし早く東京高師を出た大塚高信は、東大の選科生になり、名古屋高等工業学校教授を経て、東京高等師範学校教授になり、多くの俊秀を育てた。安井稔《やすいみのる》、荒木一雄《あらきかずお》、冨原芳彰《ふはらよしあき》らが、大塚クラスの出身である。

人の欠点を見つけるのはうまい学者、教育者が多いなか、大塚は、専門領域をこえて、すぐれた研究に目をつけて、それをはげました。教師としてもっとも大切な力であるが、実際に、そういうことのできる先生は、暁天《ぎょうてん》の星よりも少ない。

大塚高信の数年先輩に福原麟太郎がいる。東京高等師範学校を出ると、静岡中学の英語教師になった。

数年して、東京高等師範学校へ戻った。文学的才能にめぐまれていて、あるいは、作家を志していたのかもしれないと思われる。

イギリス留学をすることになり、学問としての英文学を志向。トマス・グレイの書誌を研究するという偉業を立てた。

やはり、学生を育てる才能にめぐまれていたようで、多くの若手を育て上げた。喜安璡太郎《きやすしんたろう》が、『英語青年』の編集を福原に委ねたのも、その稀有《けう》の文才と学才を高く評価したからであろう。

福原の仕事によって、日本の英文学は、一般の評価を高めることができたといってよい。石橋、大塚、福原は、英語教師の流れである。学問とはすこし離れているという考えによって、正しく評価されないまま終わった部分もなくはないが、英語の先生としてはたいへんすぐれていたと言ってよい。

英語、英文学の出版社として研究社が大きな仕事ができたのも、こういう〝英語の先生〟たちの力によるところが大きい。英語教師が、指導性を失うにつれて、日本の英語、英文学が力を失うことになったのは、歴史の非情とでも言うほかはない。

V

夏目漱石

日本の英語、英文学は、明治以来、各時代のもっともすぐれた才能を集めてきた。もっとも世界に近い勉強をしており、文字通り社会をひっぱってきた、と言ってよい。

それにしては、百年の英文学研究が生み出したものは充分でなかったように思われる。とにかく先輩のない学問をするのである。どうしたらよいのか、当の研究者もはかりかねていたであろうが、各世代のホープといわれる人たちである。どうしたらよいか泣きごとを言うことは許されない。せいいっぱい英語の勉強をするほかない。

夏目漱石もそのひとりであったが、とくに注目された存在であったのであろう。若くして熊本の第五高等学校（五高）の教授になった。一般英語の先生である。英文学ではなく英語を教えた。それだけに、漱石の個性がつよく出たらしく、大きな影響を与えた。のちに日本を代表する学者、文人となる寺田寅彦《てらだとらひこ》も五高で漱石の教えを受けてのちに、〝漱石山脈〟と言われた学者、文人グループの筆頭であった。

漱石の力量が買われ、五高教授のまま、イギリス留学を命じられた。明治以来、官立大学の教授になるためには、二年の在外研究、つまり留学が必要ときめられていた。漱石も帰国後は大学教授になることが約束されたのである。留学の目的が、「英語の研究」となっているのに目をつけ、漱石は英文学を勉強するために留学したのではなく、英語教師として留学したのである、と問題にする人もあるが、あとにも書くが、当時のイギリスには英文学の留学生を受け入れる用意がなかったのである。

いよいよ留学となって、漱石はおどろくことになる。イギリスの大学の英文科へ留学するつもりであったのに、イギリスには、オックスフォード、ケンブリッジ両大学とも、英文科に相当するものがなかったのである。〝英文学〟の研究がしたくてもできないわけである。

ケンブリッジ大学に英文科ができたのは、それから二十五、六年もあとのことだった。漱石自身は東京帝国大学文科大学の英吉利《イギリス》文学科の出身である。本家に当たるイギリスの大学に英文科がないとは、信じられないようなことであっただろう。

やむなく、ロンドン大学の英文学講義を受けることになった。もちろん本格的な指導を受けることはなく、半ば独学のように英文学の作品を読んでいたらしい。

そこへ、学友の池田《いけだ》菊苗《きくなえ》が、ドイツ留学を終え、帰朝の途次、英国の漱石の下宿へ来て、しばらく滞在した。池田は、のちに「味の素」になるうまみ成分、グルタミン酸ナトリウムを発見した大学者であった。留学先で無機化学を学びながら独力で有機化学を開拓した偉材である。

池田からなにをやっているか聞かれた漱石が、十八世紀のイギリス小説を読んでいると伝えると、「外国のマネをしたってロクなことはない」と言い、独創的研究をつよくすすめたらしい。

漱石もよほど悩んでいたのであろう。池田のことばにつよい感銘を受けると、それまでの勉強を投げ出して、イギリス人もやっていない文学研究をする決意をかためた。

文学書を片づけて、社会学と心理学の本を買いあつめて猛烈な勉強を始めた。大学の講義にも出ない、ほかの留学生とも会わず、日夜、新しい学問の勉強にあけくれた。

そのころ日本の大学で、社会学、心理学の講義の行なわれていたところがなかったのだから漱石の勉強は異例のもので、留学生仲間から漱石は異常ではないかという声が上がるほどであった。それを文部省に密告した日本人留学生のことが、後年、漱石山脈といわれた人たちから問題にされたこともある。

日本へ帰るまえに、文学を社会学、心理学の角度から究明するという、世界に例のない論文はでき上がった。漱石の〝得意〟は想像することができる。

帰朝して、東京大学で英文科の学生にこの講義をすることになったが、学生たちの力がないから、まるでわからない。おもしろくない、というので学生たちが騒ぎ出した。

漱石の先任はラフカディオ・ハーンである。日本人女性と結婚し、自ら小泉《こいずみ》八雲《やくも》と名乗った人で、授業ぶりも懇切丁寧である。それになれていた学生たちが漱石排斥に動いた。

それが漱石をどれほど苦しめたかわからない。学者となることをやめ、作家になる決心をするのである。それで世界的文学理論が消えてしまったのである。漱石は早すぎた天才だったのである。

それから二十年以上たち、おくればせがなら、ケンブリッジ大学に英文科に当たるものができた。

その教授のひとりが、I・A・リチャーズであった。彼は英文科教授になる前、心理学の研究者であった。新しいアプローチで文学を考えようとした。心理学と生理学を援用して文学を解明しようとするもので、もちろん、イギリスには先例がない。ヨーロッパ、アメリカにもない。世界で最初の研究法であると信じられたのは是非もないが、ずっと前に、ほとんど同じアプローチで、同じような試みをした日本人がいたことは、もちろん知るよしもなかった。漱石自身、リチャーズの研究を知らなかったであろう。漱石の書いた日本語の『文学論』を読むことのできる外国人もいまだ存在しないだろう。

ひょっとして、日本の英文学全体が、漱石とリチャーズの業績を正当に評価していなかったように思われる。日本の英文学者には文学青年が多くて、理論的関心はまるで低いのである。

漱石は、寺田寅彦を認めていたように、科学的問題を理解する力が大きかった。自分も科学をやってみたいような気がすると手紙で言ってきたことがある、と寅彦が明らかにしている。

いずれにしても惜しいことをしたものである。漱石をみて、学問として英文学を勉強するよりどころがなくなってしまい、知識と教養とをありがたがる風潮がつよまることになった。

そうかと言って、創作をするわけでもないのが、文学青年である。もし漱石が英文学を続けていれば、ということを空想するのはむなしいけれども、日本の英語、英文学がすこし違ったものになったであろう。

坪内逍遥《つぼうちしょうよう》以来、文学論がはなはだ寂しいのは致し方もないことであるが、漱石の仕事に敬意を表することを怠ってはなるまい、などと言っているうちに、日本の英文学はおかしくなってしまったのである。

英文学が、文化的に重視されなくなったのは、文学青年趣味と教養主義であると言ってよいだろう。

漱石の文学的一生は、日本の英語、英文学の苦悩を先取りするかのように思われる。外国人の仕事について行くだけ、という外国文学の研究はすこし意識の高くなった人間にはおもしろくないことである、と感じるのが正常である。ただ模倣するだけでは、なにごともおもしろくない。

日本の英語、英文学が力を失ってきたのも創造性、独創性が見られないからである。日本人からも言うべきものをもってはじめて、おもしろくなる。

萬年筆

萬年筆は、明治の日本人にとって西欧化を象徴するものであったのであろう。知識人は目の色を変えて萬年筆を求めた。

萬年筆は英語で a fountain pen である。はじめ、直訳で〝泉筆〟と呼んだが、どうもしっくりしない。そこで、萬年筆という名前をつけた。マンネンヒツというのが、どこか、ファウンテンペンとひびき合うようで、おもしろいというのであろうか。なんでも日本語にしないと気がすまないころのことである。

夏目漱石は萬年筆が好きだったらしい。そのころ、イギリスのオノト（Onoto）というのが有名で、漱石もオノトを愛用した。

いつか漱石の遺品の写真を見ていたら、そのオノトの写真があった。わたしが興味をもったのは、ペン先がチビていることで、それも左右が同じようにすりへっているのではない。ペンの左半分はちゃんとしているのに、右半分がひどくすりへっているのである。

どうしてこんなことになったのか。考えなくてもわかっている。

漱石が、オノトを使って書いたのは英字ではなく、日本の文字だった。それでも疑問をいだかなかったらしい。

英字、アルファベットはタテ線中心である。横線はすくない。ペンはそのために真ん中に切り割りができている。タテ線を引くときに、すこし間が開くのである。ペン先は、それで先が分かれているのである。

漢字はアルファベットと違って、横線中心であって、一、二、三などタテ線がない。烏《からす》と鳥《とり》は横線一本で区別される。タテ線は影がうすい。毛筆で書くにはこれでよいのである。ペンで、こういう横線中心の文字を書くことは予想されていないから、ペン先が分かれているのである。

そういうペンで横線の多い文字を書くというのは想定外のことであっただろう。それを日本人は、わけもわからず、使ってしまったのである。ときたま、葉書を書くくらいなら問題はないが、漱石のように多くの原稿を書く人が、ペンを使うと、まずいことがおこる。ペン先の右半分が、左半分よりすりへって、チビてくるのである。漱石は、どう思っていたかわからないが、いい気持ちではなかったにちがいない。

かつての中学生は、Gペンという、ペン先が大きく割れるペンで、英習字をさせられた。Gペンは軽い金属でできていたらしく、タテ線を引くとき大きく開く。横線には、その割れ目が収縮して、細い線になるのである。

Gペンでは、日本語で多くの文字を書くわけではないから、右半分が、左半分より大きくすりへる、ということもなかった。

萬年筆は長く使用されるから、漱石のオノトのようなことがおこる。つまり、萬年筆は横書き用であったわけで、これで日本語を書くのは間違っていたのである。

ということは、ペン先だけのことではなく、ことばの構造の相違ということになる。

タテに書いて、タテに読む日本語では字画の横の線が重要なはたらきをしている。欧文はそれに対して、タテの線が中心である。

読むのはその字画の線を手がかりにしている。タテ書きのことばは横線によって文字を弁別しており、横書きのヨーロッパ文字は、タテ線によって、文字を区別している。

そういうことを無視して、日本語を横書きにし、横読みにするのはたいへん乱暴なことになるわけで、神経をムダ使いし、頭のはたらきも悪くするおそれが小さくない。

そんなことも考えずに、日本語を横書きにし、横読みをするようになったのは、たいへん、いけないことだったのである。

そんなことを考えることもなく、横書き、横読みの日本語が広まったが、戦前は一部にとどまっていた。

戦後、昭和二十七年だかに、政府が、これからの公文書は横書き横読みにしなくてはいけないという訓令を出した。たいへんな改革であるのに、問題にするものがほとんどなかった。言語的に鈍感なのかもしれないが、じつは横書き横読みの日本語はこの訓令で始まったのではない。

横書き日本語を始めたのは英和辞書である。英和辞書はタテに印刷することは困難である。日本語も英字と同じように横になった。

大正の終わりごろになって、『コンサイス』という英和辞典が出た。それまでとは比べものにならないほど多くの語を収録したから、細字の日本語をぎっしりつめた。それを日本中の中学生が買ったといわれた。

そういうものが、目にとって、どんなに悪い影響を及ぼすか、考える人はなかった。しかし、悪影響はあった。近視の人が増えたのである。

外国で、メガネをかけてカメラをぶらさげていたら日本人だ、というジョークが広まっているのを日本人は笑いとばしていたのである。

近代日本は、なにごとも、西欧、欧米の模倣であった。日本に合うかどうか、吟味しているゆとりはなかった。思考力にも欠けていたのは是非もない。

夏目漱石がオノトを愛用したのは偶然ではなかったように思われる。イギリスの萬年筆は欧米文化を象徴するものであったのであろう。同じような気持ちをもつ日本人がすくなくなかったのではあるまいか。

英語を勉強している人は、並はずれて外国の萬年筆にとくべつな感情をいだいていたように思われる。作家も萬年筆にする人がすくなくないようだが、ドイツのモンブランに人気があるといったのはかつてのこと。いまは、原稿を手書きにするのは年寄りでもすくなくなった。

知識・思考・創造

近年、人工知能、ＡＩ（Artificial Intelligence）が注目されている。

といっても、専門家以外で、人工知能をしっかり理解している人は限られている。文科系の人たちは、ほとんど何も知らないでさわいでいる、といったところがある。

一般は、ＡＩが高段者の棋士を負かしたというようなニュースにおどろくくらいが関の山である。ただ、人間が機械に負けるということを受け入れることのできない人たちを漠然とした不安におとしいれている。

文科系人間の多い日本は、アメリカよりもはるかにおくれていて、ＡＩをおそれる気持ちもそれだけ弱いかもしれない。

めいめいで、独自の考えをもつ、すくなくとも、その準備はしなくてはならないだろうが、はっきり口にする人もない。

人工知能というのなら、〝自然知能〟があってしかるべきではないか、と言う人もいない。自然知能は、英語にすれば、Natural Intelligence（ＮＩ）と呼ぶことができる。

この〝自然〟は山河草木の日本的自然ではなく、英語のnaturalの〝もって生まれた〟という意味である。

ヒトはみな生まれたときからＮＩをもっている。あらゆる動作、行動は、自動的にはたらくＮＩによってすすめられる。この点では、人間は、ほかの哺乳動物と異なるところは大きくない、ということもできる。

人間の子は、生後、周りから基本的な知識を受けて、だんだん人間らしくなる。しかし、こどもには、教育されている自覚はないのが普通である。

それだけでは、複雑な人間生活をすることができないから、まずコトバが教えられる。のちに文字も教えられるが、これも、自然知能によるところが大きい。とくに〝しゃべる〟のは重要なＮＩである。それを〝教え〟なくてはならないことを知らない家庭はいくらでもある。ことばはもっとも大切な人間活動であるから、すべての親は、それに相当する教育を行なっている。ことばはもっとも早く与えられる人為的ＮＩである（そういうことを考えるキッカケをつくったのがＡＩである）。

学校は、ＮＩの強化をする大切な機関であるが、長い間、はっきりした存在ではなかった。

小学校に相当する教育が公式に始まってから、まだ、三百年は経っていないのである。これまでのＮＩの教育は決して充分なものではなかった。そのために、こどもは、もって生まれた才能を充分伸ばすことなく一生を終えてきたのである。

もし、ＮＩを充分に育成することができれば、〝天才〟と言われる能力をもった人間が飛躍的にふえるであろう。

ＮＩは天才である。うまくＮＩを伸ばすことができれば、天才がどれだけふえるかわからない。

ＮＩ育成の方法がわからないまま、学校では知識を与える。知識をよく覚える頭脳は優秀であるとされて、大事にされる。しかし、大部分のものはうまくＮＩを引き出してもらえないのである。

外国語の知識がＮＩに含まれるかどうかについては、はっきりした考えがないらしい。とりあえず、中学校くらいから始めてはどうかというのが世界的な考え方である。

日本が小学生に英語を教えようというのは、そういう世界的常識に挑むものである。

母国語は純粋にＮＩであるが、外国語は、半分ＮＩであると認めるのが妥当であろう。

母国語と外国語とが同じようにＮＩだと考えるのは、これまでのところ困難である。しかし、ここでは、外国語の能力をＮＩに準ずるものとし、さらに、母国語に見られない知識を育《はぐく》むのではないかと考える。

俗な言い方をすれば、外国語学習によって得られるＮＩは、母国語のみのＮＩよりすぐれたところをもっているのではないか、という考えである。

外国語学習もＮＩに準ずる力を伸ばすことができれば、外国語教育は、実用には役に立たなくても、ＮＩを伸ばす手段にすることができる。ＮＩを伸ばすのに、外国語が母国語とは違ったところで大きな力をもつ、ということを見つけることが求められる。

外国語学習によって得られるＮＩをこれまで考えることがなかったのは、文学青年が多かったためである。ことばのはたらきを考え直せば、おのずから新しい見方が可能になる。

生まれたこどもに、すぐ、ことばを教えれば、すべてのこどもが、高い言語的ＮＩを身につけられるようになる。ことばの天才になる。

しかし、不完全で、誤ったことばを教えるともなく教えるから、こどもはあまり賢くならない。それでも、それがその子の知の個性、能力として死ぬまではたらく。古い人間は、それを「三つ子の魂」と呼んだ。ＮＩである。きわめて不備である。多くの人が、そういうＮＩをもって一生をすごすのである。

外国語を学ぶのは、外国人とのコミュニケーションがはじめの動機であったと考えられるが、やがて、別の効用のあることに気づくのである。ＮＩが、強化されるということ。俗に言えば、〝頭がよくなる〟のである。それが発見されたのがいつであるか、いまとなっては、はっきりしたことは、もちろん、まったくわからないが、否定できないほどの例があらわれて、無視できなくなり、教育の大本《おおもと》として外国語の学習が制度化されるようになった。

ヨーロッパにおけるギリシア語、ラテン語の教育は、わが国における漢学と同じように、実用ということは度外視して、教養のために学ばれたのである。

こういう古典語の教育は、明確な知識、知性の強化ということを考えず、ただ意味がわかればよいという学習であったため、人間の知能を高めるのには、ほんのわずかしか貢献するところがなかった。

日本の漢文学、明治以後のヨーロッパ語学習は、意味がわかればよしとする学習であったため、こどものもっているＮＩを強化、伸長するには至らず、教養を身につけるというのがせいいっぱいであった。実用派から無用のものと言われても、返すことばもなかった。

ＮＩ、自然知能を考えれば、外国語学習はまったく新しい可能性をおびることができるようになる。ＮＩの不備を補完することである。頭のはたらきをよくする、ことばの学習である。

外国語によるＮＩの強化、伸長ということを中心に考えれば、会話ができる、手紙が書ける外国語力など問題にならない。母国語だけでは伸ばすことのできない能力を掘りおこし、知能を新しく伸ばす語学は、人間を変えることができる。

まず〝解釈力〟である。外国語を学ぶことで、解釈力が養われる。母国語では、わからないことがすくない。疑問をいだくことがすくない。解釈を必要とすることも、外国語に比べてはるかにすくない。

外国語を学ぶことで、解釈力は大きく伸びる。

解釈は複数の意味をもっていることに基づいている。意味はひとつ、という考えの母国語では深い思考活動が困難であるのは、すでに明らかになりつつある。

外国語教育における第一の問題は、この解釈力である。これをＮＩのなかへ入れている人と、そうでない人との頭のはたらきがまるで違うようである。

解釈力についで、外国語の習得によって得られるのが、〝思考力〟である。母国語は記憶力中心であるのに対して、解釈を要する外国語は思考によるところが多く、思考力を高める。

まったく外国語を知らない人は、思考に弱いことが多い。即物的思考はともかく、創造的思考は外国語によって強化されることが多い、と想像される。

思考力は数学などによって養われるというのは誤解である。案外、外国語能力によってすばらしい思考力がつく。

ある国立大学の数学の教師が、語学の教師に打ち明けたエピソードがある。その数学教師は何年にもわたって、入試の採点をしていて、おもしろいことに気づいた。それを英語の教師に耳打ちしたのである。

幾何学の試験で、解法がいくつもある問題を出す。たいていは出題者の予想した答え方をしているが、時折、出題者も予期しない解法を見ることがある。それが数学科の志願者ではなく、英文、仏文、独文など外国語志望の学生に多い。なぜだろうとこの数学教師は不思議に思い、こっそり打ち明けたというわけである。外国語を学んでいると思考力が高まり、創造力も高まるということを物語っているのかもしれない。

そう言えば、寺田寅彦は生涯、つぎつぎいろいろな外国語を勉強していたことが知られている。もちろん実用が目的ではない。外国語の文法を学ぶことで思考力を磨いていたらしい。

つまり、外国語学習は母国語だけのＮＩの欠点を補うことができる、ということであり、知的活動の原動力になることができる。役に立たないどころか、たいへん有用であることがわかる。

外国語を学べば、もって生まれた言語能力を高めるだけではない。生まれつきの知能を伸ばすことができる。それとともに思考力全体が高められ、頭がよくなるのである。語学は〝役に立つ〟のである。

いまの世界では、発見は偶然によることが多い。

セレンディピティ（serendipity）が発見の母体であるというようなことが考えられているが、外国語学習に含まれる純粋思考を育成、活用すれば、ＮＩを伸長させ、発明、発見、創造が可能になるはずである。

外国語による創造が可能であるとなれば、新しい天才が多く生まれると想像される。新しい外国語学習の可能性は決して小さくない。

日本の英語、英文学は、いま逆境に苦しんでいるが、見捨てるのは間違いである。文化創造の原動力となる〝自然知性〟を育むのに、外国語にとって代わるものはまず、あらわれないと考えられる。

いま、いくらか、軽く見られている、日本の英語、英文学を、一転、文化創造の源泉とすることができれば、新しい文化が生まれる。

『英語青年』

英字新聞『ジャパン・タイムズ』は、学生版を出していた。明治三十年ごろのことである。*The Rising Generation*（『青年』）というその雑誌は読者が伸びず、ジャパン・タイムズ社にとって負担になっていた。

廃刊することになり、希望者に雑誌を譲ることになった。明治三十四年、早稲田大学の武信由太郎《たけのぶよしたろう》がただで貰い受けることになった。

武信は、早稲田で教えた喜安璡太郎《きやすしんたろう》にすべてをまかせた。喜安は新潟県の高田中学校（旧制）の英語教員であった。喜安は編集だけでなく、経営の才能にも恵まれていたようで、独力で雑誌発行をやってのけた。

ジャパン・タイムズのときの誌名 *The Rising Generation* はそのまま踏襲し、新たに『英語青年』という誌名をつけ、社名も英語青年社とした。どこか〝文学青年〟に通じる誌名であった。

やがて、『英語青年』は、日本の英語界をリードするものになった。

昭和に入って、東京高等師範学校、のちの東京文理科大学の教授、福原麟太郎《ふくはらりんたろう》に編集を委ね、英語雑誌から、英語・英文学雑誌にすることに成功、喜安自らは経営に専念した。

戦争になって、英語関係は二誌ということになり、英語界では、『カレント・オブ・ザ・ワールド』（英語通信社）と『英語青年』が残ることになった。『カレント・オブ・ザ・ワールド』はそのまま存続を許されたが、『英語青年』は英語青年社発行でなく、研究社の発行（昭和十九年）ということになった。つまり、英語青年社をつぶしたことになるが、『英語青年』の発行を認められた研究社は、それまで出していた『英語研究』を廃刊にした。誌名を残して『英語青年』の発行権は得たが、雑誌を一誌つぶすということが、ことなく進んだのは、『英語青年』の喜安と研究社の創業者、小酒井五一郎《こさかいごいちろう》がかねてから心を許し合った盟友であったからである。

戦争が終わると、英語ブーム。

〝英語〟と名のつくものは何でも売れた。英語雑誌も例外ではない。研究社は廃刊にしていた『英語研究』を復刊しただけでなく、新しい英語雑誌をつぎつぎ創刊。ひところは八種類もの英語雑誌を出すまでになっていた。

そのころ、つまり、昭和二十六年になって、本書の筆者、外山滋比古が思わぬことで『英語青年』の編集をすることになった。

福原主幹から速達が来た。『英語青年』の編集をしている冨《ふ》原《はら》芳《よし》彰《あき》が大学へ転出する。その後任をキミにしたい。ほかに適任がないから断らないように、とある。

とんでもないこと。まっぴらごめんこうむりたい。戦争の始まる年に英語の勉強を始め、さんざんいやな目にあって、戦後は、わざと浮世ばなれした中世英文学を読んでいた人間である。

雑誌の編集なんて考えたこともない。そんなことはしたくないから、さっそく、お断りに行く。福原先生は、研究科の指導教授であるのに、どうしてこういうヒドイことを考えられたのかとうらめしかった。結局、辞退できず、校正もロクにできない若僧が、伝統ある『英語青年』の専任編集者になってしまった。

主任といってもほかに人がいるわけではない。となりの雑誌とかけもちで、校正を手伝ってくれる女性社員がいるだけである。

よくも雑誌をつぶさないですんだものだ。ふり返ってそう思ったことが何度もある。

そんな編集者に周りは心配していなかったのは不思議である。しかし、しっかり見ている人が遠くにいたのである。〝読者〟。

先任者から編集を譲り受けた、昭和二十六年五月号の『英語青年』の成績は、発行部数一万部、返品率二十パーセント、実売は八〇〇〇部くらいであった。

外山編集になった七月から毎月、確実に返品率が上がった。売れなくなった。あっというまに、三割を越す。しばらくして、四割を超えるようになって会社から苦情が出た。とくになまけているわけではない。自分なりに全力を注いでいるつもりだ。どうしろと言うのか、と開き直る力もなくて、苦しみ、これは、やめるしかない、と心を固める。福原主幹も多少、危惧を感じられたのであろう。とにかく、二年やってほしい、と言われた。

どんどん返品率が高くなり、ついに、四割五分になった。これだと実売五五〇〇部しか売れていないことになる。もちろん赤字だろう。社長のいやな顔を見る会議がおそろしくなった。辞職を決意する。もともとしたくて始めたことではないから、やめてもいい覚悟は始めからあった。

よし、辞めよう、あとはどうなるか、そんなことは考えない。とにかく、毎月、成績が悪くなっていくのに耐えられないのである。

そう思うと気が軽くなり、すこし元気も出る。どうせやめるなら、その前に、ひと暴れしてやりたい。そして討ち死に、というのが、おもしろい。読者をとらえる企画をさがして、妙ちきりんなテーマを考えた。「学校文法と科学文法」というものである。戦後、英語学がすすんで、イェスペルセンの英文法は古いという研究者があって、現場の良心的な英語教師に不安を与えていた。それを解決するぞ、というのである。いま考えると、恥ずかしいような企画だったが、自分ではこれに賭けるという気持ちであった。一号だけでなく、二号連続で、特集号を組み、三分の二くらいのスペースを特集記事で埋めた。

この特集号が書店に出て一週間もしないうちに、営業部から、「編集部に残部はないか。いま下へ注文したい人が来ている」と告げられる。当たったのである。その号は、完売、返品ゼロ。ヤレ本といわれるものだけが数十部あったという。

次号は一万二〇〇〇部、つまり、二〇〇〇部増刷したが、これもほぼ売り切れとなり、読者の信頼を得た。これまでの不振がウソのようになった。

辞める覚悟を忘れて、編集を続け、十年に及んだが、四十歳になったのをかえりみて、あえて編集を辞任した。

あとから考えて、いいときに辞めたと思う。日本における英語、英文学はそれまでとはっきりちがう新しい環境を迎えていたのである。

役にも立たない教養が魅力を失いはじめたのだが、長い間、なれてきた人たちは気づかなかった。

地方の優秀な男子高校生で、文学部志望を捨てて、法学部や経済学部を志望するものがあらわれていたのである。英文科があぶないと考えるようになったのは、『英語青年』の編集を辞めて数年のころである。「英文学、英文科消滅」という短文を匿名で発表した。

この文章、不評、というか、正気の沙汰《さた》ではないとして黙殺された。

しかし、それから三十年。英文科の看板を下ろす大学が続々とあらわれたのである。予言は的中したわけだが、後味ははなはだよろしくない。

そのころ、『英語教育』という雑誌が研究社から出ていた。やはり売れない。版元としてやめたかった。もともと、東京教育大学英文科の編集であったから、研究社は編集権を返上したのである。

それを拾ったのが大修館書店である。編集者つきで譲り受けた。この編集者が敏腕で、棄てられた『英語教育』を売れるものにしてしまった。

数年して、研究社は、惜しいことをしたのに気づいて、新しく『現代英語教育』を発行したが、始めから勝負にはならなかった。

ひところは、〝八大雑誌〟を誇った研究社だが、次々と廃刊になり、ついにゼロ（二〇一七年現在）になってしまった。英語界を見渡しても、生き残っているのは、かつて棄てられた『英語教育』だけというのは不思議なような気がする。研究社が八大雑誌を誇っていたころ、もっとも部数が多かったのが『時事英語研究』で、発行部数が五万部に近い時代もあったはずである。アメリカ映画の台本に和訳と註をつけた編集が目玉だったが、英語好きのサラリーマンを中心に、『英語青年』の堅苦しさをきらう読者層をつかんだ。『英語青年』と深い関係にあった『英語研究』も間もなく消えた。国力、経済力の伸長に反比例して、英語、外国語への関心が弱まるのは、なにも日本だけのことではあるまいが、日本の戦後はもっともはっきりそれを見せつけたように思われる。

百年の歴史を誇り、日本でもっとも創刊の早かった雑誌の三つのうちのひとつと言われた『英語青年』も、とうとう消えた。

日本の英語は、その支えのひとつを失うことになった。大学の英文科が英文学の看板を下ろそうとしているほどのことではないかもしれないが、日本の文化にかかわることではある。

なぜ、手をこまねいて、それを傍観しているのか。古い英語好きはつらい思いをしているが、まったくあきらめているらしく見えるのはいかにも不甲斐ない。

『英語青年』は泣いているばかり、浮かばれないのであろう。かつての縁者のひとりとして、情けない気持ちにならざるをえない。

〈あとがきにかえて〉

新生へ向けての回想

英文科を廃止する大学が続出したことがある。受験生が集まらないというのが理由であった。教員はなくすことはできないので、ヨーロッパ比較文化などという看板に替えた。そんなことを教えられる人はどこにもないが、問題になることもなかった。おとなしい英語、英文学の人たちは、そういうひどいことにじっとたえた。

それを見て見ぬふりをしてきた人たちは、知的誠実さに欠けていると言われたら、何と答えるのだろう。これまで、責任ある批判はついにきかれない。

ひどい目にあっている廃止された英文科の人たちも、黙っていないで、声をあげなくてはいけない。

そうは言っても、年老いた元教師である。なにもできないから、これまで、英語、英文学がなにをしてきたのか、ふり返ってみようと考えて、この本を書くことにした。

この際である。きれいごとではなく、当たりさわりのあることも、はっきりさせようという心をきめた。

七十数年前、戦争直前に英文科に入学して、ひと通りの苦労をした経験が目をさましたようである。苦しんでいる英語教師の心中《しんちゅう》を思うと、じっとしていられない思いがある。何としても、英語、英文学の伝統を消したくないが、できることは限られている。個人としてできることは、これまでの百年に、英語、英文学がなしとげたことをふり返ってみることであると考えるようになって、この本を書くことにした。

英語離れのほかに、もうひとつ、強敵があらわれている。〝人工知能〟。これは、英文科だけでなく、広く知的文化をおびやかすものであるが、文科系の人は考えることを避けているように思われる。しかし、新しい英語、英文学は、案外、人工知能に対してはつよいかもしれないということを立証すれば、語学は新しい時代の先頭に立つことができる。

新しい、おもしろい、創造的思考力を育むには、やはり、外国語の学習が、大きな力をもつのではないか。こういうことを本気で考えている。

そういう新しい文化創造をのぞみ、それに向けての、英学回顧である。読者がめいめい、独自の考え方をするのに、いくらかでも参考になれば、ありがたい。

たまたま、研究社が創立百十周年を迎えるという。日本の英語、英文学を支えてきた研究社である。さらなる発展を願うのは、英語に心をよせる人間のたしなみであるように思われる。

外山滋比古

二〇一七年八月二十三日

外山滋比古（とやま しげひこ）
1923年愛知県生まれ。東京文理科大学英文科卒業。お茶の水女子大学名誉教授。著書は、『修辞的残像』『近代読者論』『エディターシップ』（いずれも、みすず書房）、『外国語の読みと創造』『ホレーショーの哲学』（いずれも、研究社）、『知的創造のヒント』（講談社）、『日本語の論理』（中央公論社）、『思考の整理学』（筑摩書房）、『乱読のセレンディピティ』（扶桑社）、『知的文章術』（大和書房）、など多数。

KENKYUSHA
〈検印省略〉

日本の英語、英文学

二〇一七年十一月 三 日 初版発行
二〇一八年 一 月一〇日 二刷発行

著 者 外山滋比古
発行者 関戸雅男
発行所 株式会社 研究社
〒一〇二―八一五二
東京都千代田区富士見二―十一―三
電話（編集）〇三―三二八八―七七一一（代表）
（営業）〇三―三二八八―七七七七（代表）
振替 〇〇一五〇―九―二六七一〇
印刷所 研究社印刷株式会社
装 丁 熊谷博人

定価はカバーに表示してあります。
万一落丁乱丁の場合は、お取り替え致します。

ISBN 978-4-327-49023-2 C0082